Für alle Android-Geräte

Android-Tablets

optimal nutzen

WOLFRAM GIESEKE

Markt+Technik

ISBN 978-3-945384-17-6

© 2015 by Markt+Technik Verlag GmbH
Espenpark 1a
90559 Burgthann

Produktmanagement Christian Braun
Herstellung Jutta Brunemann
Einbandgestaltung David Haberkamp
Coverfoto © Kirill_M – Fotolia.com
Satz Thorsten Schlosser, Kreuztal (www.buchsetzer.de)
Druck Media-Print, Paderborn
Printed in Germany

Inhaltsverzeichnis

3. Softwaresupermarkt – Erweitern Sie Ihr Tablet mit den besten Apps aus dem Play Store 53

4. Perfektes Surfbrett – mit dem Tablet durchs Netz browsen 80

7. Überall schmökern – Ihr Tablet als komfortabler E-Book-Reader 126

8. E-Mail, Kalender, Adressen – das Tablet als Ihr persönlicher Assistent 143

9. Cloud-Sync – Ihre Daten online sicher mit PC & Co. abgleichen 161

10. Social Media per Fingertipp – Facebook, Twitter & Co. nutzen 176

11. Kamera läuft – die besten Tipps für attraktive Bilder und Videos 191

12. Strom sparen – Energieverbrauch minimieren und Akkulaufzeit maximieren 208

1. Schnellkurs Android-Tablet – die Startseiten individuell anpassen

Android-Tablets lassen sich sprichwörtlich mit dem richtigen Fingerspitzengefühl steuern. Das Grundprinzip von Tippen, Ziehen und Wischen ist nicht schwer. Mit den richtigen Kniffen geht jedoch alles noch schneller und direkter:

- Wie kann ich wichtige Apps schnell und direkt aufrufen?
  ➤➤ Seite 16

- Kann ich Apps thematisch in Ordnern sortieren und zusammenfassen? ➤➤ Seite 18

- Wie lassen sich nicht benötigte Symbole vom Bildschirm entfernen?
  ➤➤ Seite 41

- Wie kann ich ein eigenes Hintergrundbild verwenden? ➤➤ Seite 19

- Wie kann ich Informationen wie neue E-Mails, Twitter-Nachrichten oder Facebook-Updates am schnellsten sehen? ➤➤ Seite 24

- Wie kann ich eine App im Hintergrund weiterlaufen lassen, während ich mit einer anderen arbeite? ➤➤ Seite 40

- Wie kann ich die Zuordnung eines Dateityps zu einer App wieder aufheben? ➤➤ Seite 30

- Wie kann ich mein Tablet per Sprachsteuerung noch komfortabler nutzen? ➤➤ Seite 34

- Welche Bedienmöglichkeiten bietet der Touchscreen außer einfachem Antippen noch? ➤➤ Seite 11

- Wie funktionieren Multitouch-Gesten? ➤➤ Seite 12

Wichtige Touch-Gesten für eine einfache und komfortable Bedienung

Die Bedienung eines Tablets per Touchscreen ist zunächst einmal intuitiv und einfach: Man tippt auf dem Bildschirm ein Symbol, ein Menü oder ein Auswahlfeld an, um eine Funktion auszuführen. Ihr Touchscreen kann aber noch mehr. So finden sich viele Entsprechungen zu den Mausaktionen, die Sie von Ihrem PC kennen.

Wischen statt Scrollen

Auch auf ein großes Tablet-Display passt längst nicht immer alles drauf. Wo Sie beim PC mit der Maus scrollen würden, können Sie beim Touchscreen wischen: Sie setzen den Finger auf den Bildschirm und ziehen ihn dann in die Richtung, in die sich der Inhalt bewegen soll. Das funktioniert bei längeren Webseiten oder E-Mails, aber z. B. auch in Menüs mit Befehlslisten.

Tipp: Wenn Ihnen irgendwo Inhalt „fehlt", wischen Sie einfach mal auf Verdacht hin und her. Vielleicht geht es in einer Richtung noch weiter.

Länger antippen statt rechte Maustaste

Neben dem einfachen kurzen Antippen können viele Objekte auch länger angetippt werden. Sie setzen also den Finger darauf und lassen ihn ein paar Sekunden dort ruhen, bis etwa ein Menü angezeigt wird oder Sie eine haptische Rückmeldung durch eine kurze Vibration erhalten.

Tipp: Durch längeres Antippen lassen sich in vielen Situationen Kontextmenüs mit zusätzlichen Funktionen öffnen (siehe Seite 37).

Doppeltipp statt Doppelklick

Auch eine Entsprechung für den Doppelklick gibt es bei Android. Das Doppeltippen wird vom Betriebssystem selbst allerdings nur selten genutzt. Apps aber können auf diese Funktion zurückgreifen.

Tipp: Wenn Sie im Webbrowser doppeltippen, wird der Inhalt einer Webseite automatisch optimal an die Bildschirmgröße angepasst.

Multitouch-Gesten für Zoom und Rotieren

Fast alle Android-Tablets unterstützen Multitouch-Gesten, bei denen Sie den Bildschirm gleich mit mehreren Fingern berühren. Das ermöglicht weitere intuitive Funktionen. So lässt sich z. B. das Vergrößern (Zoomen) von Bildschirminhalten erledigen:

1 Platzieren Sie zwei Fingerspitzen – praktisch sind z. B. Daumen und Zeigefinger – dicht nebeneinander über dem zu verändernden Bildschirminhalt, etwa einem angezeigten Bild.

2 Bewegen Sie die Fingerspitzen auf dem Bildschirm auseinander, um den Inhalt zu vergrößern, sozusagen auseinanderzuziehen. Die Veränderung erfolgt in Echtzeit unter Ihren Fingerspitzen.

3 Haben Sie die gewünschte Vergrößerung erreicht, nehmen Sie beide Finger gleichzeitig vom Bildschirm weg. Der Inhalt verbleibt in der eingestellten Darstellung.

Verkleinern funktioniert genau umgekehrt: Setzen Sie die Fingerspitzen möglichst weit voneinander entfernt auf und ziehen Sie sie dann aufeinander zu.

Auch das Rotieren von Bildern können Sie per Multitouch-Geste erledigen. Platzieren Sie wiederum zwei Fingerspitzen zugleich auf dem Bild und führen Sie damit eine rotierende Bewegung in die gewünschte Richtung aus. Das Bild dreht sich unter Ihren Fingern mit.

Android-Einstellungen: die Werkzeugkiste zum Anpassen und Optimieren

Ihr Android-Tablet lässt sich über eine Vielzahl von Einstellungen optimieren und an Ihre Bedürfnisse und persönlichen Vorlieben anpassen. Deshalb werde ich Sie in diesem Buch immer wieder in die *Einstellungen* „schicken", um dort die eine oder andere Option zu verändern. Auf den ersten Blick können einen die Android-Einstellungen erschlagen, aber eigentlich ist alles sinnvoll strukturiert.

Abweichende Gestaltung der Einstellungen bei einzelnen Herstellern

Im Folgenden zeige ich die Einstellungen, wie sie bei einem „unverbauten" Android-System von Google vorzufinden sind. Auf Ihrem Tablet können die Einstellungen etwas anders aussehen. Zum einen verfügen manche Geräte über spezielle Funktionen, wofür die Einstellungen ergänzt werden müssen. Zum anderen gestalten einige Hersteller wie insbesondere Samsung die Einstellungen gerne um. Auch wenn die Optik und Aufteilung etwas anders sein mag, bleiben die Grundprinzipien aber die gleichen und Sie dürften sich nach einer kurzen Orientierungsphase gut zurechtfinden.

Zum Einstieg zeige ich Ihnen einmal, wie Sie schnell in die *Einstellungen* gelangen und sich dort gut zurechtfinden. In den weiteren Anleitungen beschreibe ich dann jeweils genau, wo Sie eine bestimmte Einstellung finden können.

1 Das wichtigste Element für die *Einstellungen* ist das gleichnamige Symbol. Im Prinzip werden die Android-Einstellungen nämlich wie eine App behandelt, die Sie jederzeit aufrufen können. Diese App finden Sie jederzeit in der App-Übersicht, die Sie mit dem App-Symbol in der Favoritenleiste öffnen können.

2 Die App-Übersicht ist im Allgemeinen alphabetisch geordnet, manche Hersteller bieten zusätzlich andere Sortierungsmöglichkeiten an, wobei Sie aber immer zur alphabetischen Sortierung wechseln können. Damit sollte es kein Problem sein, die App *Einstellungen* ausfindig zu machen und durch einfaches Antippen zu starten.

3 Die *Einstellungen* sind eine lange Liste von Menüpunkten, die allerdings grob in Kategorien wie *Drahtlos & Netzwerke*, *Gerät* oder *Konten* unterteilt sind. Alle diese Rubriken enthalten Unterpunkte, die ihrerseits direkt zu den entsprechenden Optionen oder bei komplexeren Themengebieten zunächst in weitere Untermenüs führen.

4 Teilweise finden Sie direkt in den Menüs auf der rechten Seite Schalter, mit denen Sie Funktionen wie WLAN oder Bluetooth direkt ein- und ausschalten können. Tippen Sie in diesem Fall rechts auf die Schalter zum Aktivieren oder Deaktivieren. Tippen Sie hingegen links auf den Text des Menüeintrags, um das Untermenü für weitere Optionen zu öffnen.

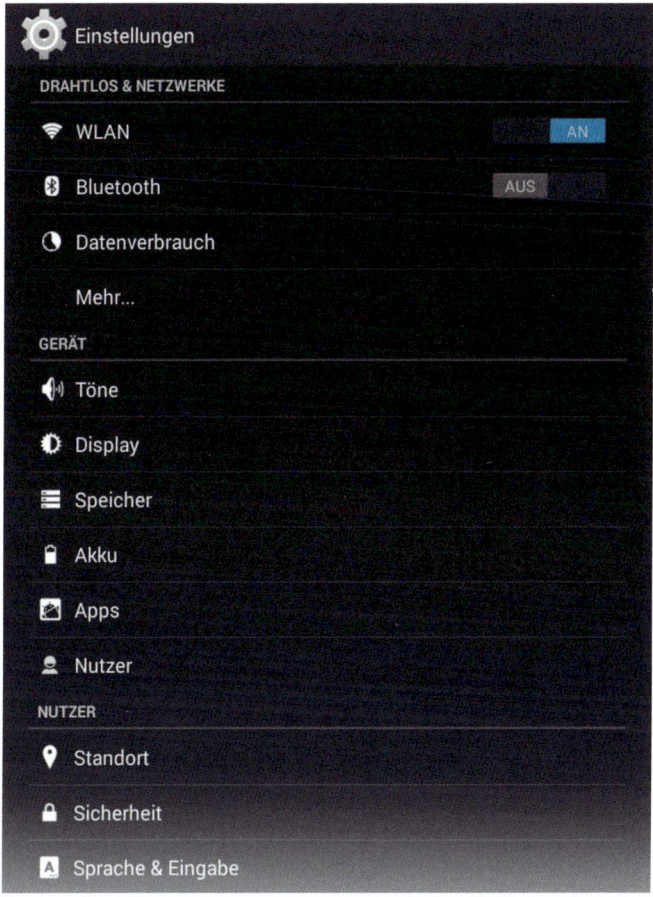

Die Optionen in den *Einstellungen* sind ebenso zahlreich wie vielfältig. Von angedeuteten Schaltern über klassische Kästchen bis hin zu komplexen Auswahlmenüs ist alles dabei. Wie bereits erwähnt, führen viele Anleitungen in diesem Buch in die Einstellungsmenüs und beschreiben dabei auch, wie welche Einstellungen vorzunehmen sind. Spätestens am Ende dieses Buches dürften Sie die Android-Einstellungen also gut beherrschen und Ihr Tablet jederzeit beliebig in Ihrem Sinne konfigurieren können.

Kein Rückgängigmachen für Einstellungen

Ein kleiner Hinweis sei noch erlaubt: Es gibt für die *Einstellungen* keine Rückgängig-Funktion, mit der Sie einfach zur letzten Konfiguration zurückkehren können, wenn es nicht so klappt wie geplant. Selbstverständlich können Sie jederzeit manuell zur vorherigen Konfiguration zurückkehren, indem Sie Ihre Änderungen manuell zurücknehmen. Dazu ist es gegebenenfalls sinnvoll, sich die vorherige Einstellung einer Option zu notieren.

Oft genutzte Apps und Funktionen auf dem Bildschirm platzieren

In der App-Übersicht finden Sie alle Programme Ihres Tablets jederzeit zusammengefasst. Sie öffnen die Übersicht mit dem App-Symbol in der Mitte der Favoritenleiste, die auf jeder Startseite unten oder am Seitenrand angezeigt wird. Häufig genutzte Apps sollten Sie aber besser direkt auf den Startseiten platzieren, damit Sie schneller darauf zugreifen können.

1 Lassen Sie zunächst die Startseite anzeigen, auf der Sie die App platzieren möchten, und öffnen Sie dann mit dem App-Symbol die App-Übersicht.

2 Tippen Sie hier die gewünschte App an und lassen Sie den Finger darauf, bis das Gerät automatisch wieder zur Startseite wechselt.

3 Sie halten das Symbol nun weiter „in der Hand", solange Sie den Finger nicht vom Bildschirm entfernen. Zusätzlich wird ein Raster eingeblendet, und ein Viereck zeigt die Stelle an, an der das Symbol jeweils platziert würde. Bestimmen Sie so ganz nach Belieben eine Position und lassen Sie dann einfach los.

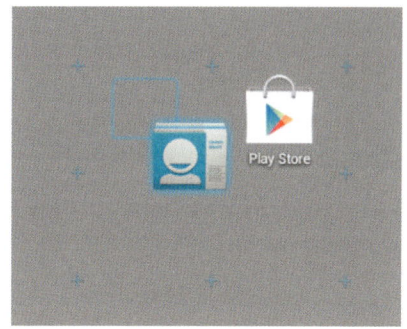

Symbole auf dem Bildschirm verändern

Nach dem gleichen Prinzip können Sie die Positionen von Apps auf dem Bildschirm auch nachträglich beliebig verändern: antippen, bis das Symbol erfasst ist, bewegen und an der gewünschten Stelle loslassen.

App-Symbole auf andere Startseiten verlegen

Sie können mehrere Startseiten einrichten, durch die Sie sich von links nach rechts „durchwischen". Apps lassen sich bequem auch nachträglich von einer Seite auf eine andere Seite verschieben:

1 Tippen Sie das Symbol einer App länger an, bis sie erfasst ist.

2 Ziehen Sie nun das Symbol mit dem Finger ganz an den linken bzw. rechten Rand des Bildschirms – je nachdem, wohin Sie die App verschieben möchten. Ziehen Sie das Symbol hier auf den angedeuteten Übergang zum „Nachbarbildschirm".

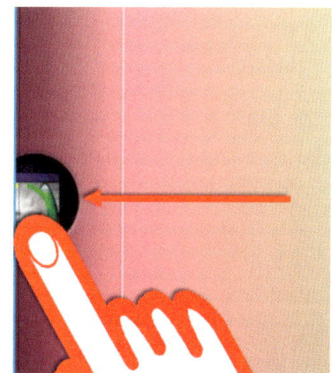

3 Der Bildschirm wechselt dann zu der entsprechenden Seite. Hier können Sie die App loslassen oder aber damit noch einen Bildschirm weiter wandern.

Ordner mit mehreren Apps auf der Startseite anlegen

Vielleicht sind Sie es vom PC gewohnt, mit Ordnern zu arbeiten und so Ordnung auf Ihrem Bildschirm zu halten? Das geht auch bei Android, und zwar bei neueren Versionen von Haus aus ohne zusätzliche Apps.

1 Suchen Sie sich zunächst auf der Startseite zwei App-Symbole aus, die Sie in einem Ordner zusammenfassen möchten.

2 Tippen Sie nun eines der beiden Symbole lange an, bis Sie es mit dem Finger bewegen können.

3 Ziehen Sie es dann auf das andere Symbol und entfernen Sie den Finger vom Bildschirm.

4 Damit haben Sie einen Ordner erstellt, der beide Symbole umfasst. Solche Ordner erkennen Sie an dem Kreis, der kleinere Versionen der enthaltenen Symbole darstellt.

5 Diesem Ordner können Sie nun weitere Apps hinzufügen, indem Sie deren Symbole wie beschrieben erfassen und auf den Ordner fallen lassen.

Um einen Ordner zu „öffnen" und eine der darin enthaltenen Apps zu starten, tippen Sie einfach kurz darauf. Der Kreis erweitert sich dann zu einem rechteckigen Feld, in dem wieder jedes einzelne Symbol angewählt werden kann. Tippen Sie eines der Symbole an, wird die entsprechende App aktiviert und der Ordner automatisch wieder „geschlossen".

Ihr eigenes Hintergrundbild mit dem Scroll-Effekt einrichten

Mit einem eigenen Hintergrundbild können Sie Ihr Android-Tablet schnell und einfach personalisieren. Einige Besonderheiten sind allerdings zu beachten, damit es klappt und auch richtig gut aussieht.

Schnell und einfach: fertige Hintergründe auswählen

Android-Tablets bringen meist schon eine Auswahl an fertigen Hintergründen mit, die perfekt auf das Gerät abgestimmt sind.

1 Tippen Sie lange auf eine freie Stelle des Startmenüs, bis der Dialog zur Auswahl des Hintergrunds angezeigt wird.

2 Wählen Sie hier als Quelle *Hintergrund-Bilder* aus.

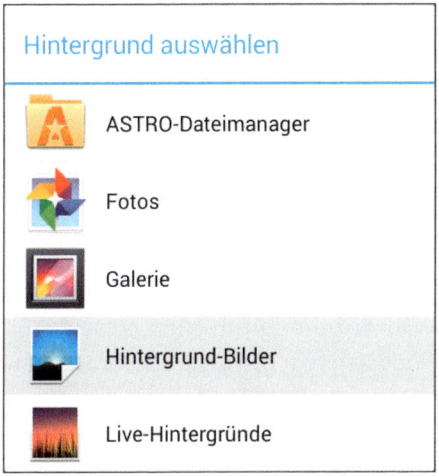

3 Im anschließenden Dialog werden die vorhandenen, speziell für die Hintergrundgestaltung vorgesehenen Bilder angezeigt. Unten wischen Sie sich durch die horizontale Liste, das dort gewählte Bild wird jeweils oben groß angezeigt.

4 Haben Sie etwas Passendes gefunden, können Sie es mit der Schaltfläche ganz unten als *Hintergrund festlegen*.

Eigene Bilder als Hintergrund verwenden

Neben den mitgelieferten speziellen Hintergrundbildern können Sie auch eigene Bilder verwenden – entweder mit der Kamera selbst geschossene oder Bilddateien, die Sie online heruntergeladen oder vom PC auf das Gerät übertragen haben.

Das optimale Bild für den Hintergrund

Um einen wirklich attraktiven Hintergrund zu erhalten, sollte das Bild nicht zu klein sein. Es sollte mindestens der Displaygröße Ihres Gerätes entsprechen, idealerweise aber noch etwas breiter sein. Dann wirkt der Scroll-Effekt beim Wischen durch die Startseiten am besten, weil das Hintergrundbild jeweils ein Stück „mitwandert". Als Motiv eignen sich Bilder mit wenigen Details wie Landschaften oder Texturen. Familienfotos sind meist nicht so schön, weil dann doch immer gerade irgendein Kopf oder Körper abgeschnitten ist. Außerdem lassen sich Symbole vor einem ruhigen Hintergrund besser erkennen.

1 Während das Bild in voller Größe auf Ihrem Gerät angezeigt wird, tippen Sie oben rechts auf das Menüsymbol und wählen im Menü *Bild festlegen als*. Wenn das Bild z. B. in der Galerie oder in einem Dateimanager als Symbol angezeigt wird, können Sie meist lange darauf tippen, um im Kontextmenü eine entsprechende Funktion zu finden.

2 Tippen Sie im anschließenden Dialog auf *Hintergrund*. Sollten mehrere Menüpunkte dieses Namens angeboten werden, orientieren Sie sich am Namen der App, die Sie zuvor verwendet haben, also beispielsweise *Galerie*.

3 Nun können Sie einen Bildausschnitt wählen, der genau den Dimensionen für ein Hintergrundbild entspricht. Dazu können Sie das Bild mit dem Finger so ziehen, dass der gewünschte Ausschnitt auf dem Bildschirm zu sehen ist. Um die Größe des Ausschnitts zu verändern, verwenden Sie zwei Finger gleichzeitig und bewegen diese aufeinander zu oder voneinander weg.

4 Mit der Schaltfläche oben links legen Sie den Ausschnitt als Hintergrund fest. Die anschließenden Berechnungen können ein paar Sekunden dauern. Dann wird das neue Hintergrundbild auch schon angezeigt.

Spektakuläre Live-Hintergründe als HD-Augenschmaus

Aktuelle Android-Tablets sind so leistungsfähig, dass Sie sich nicht mit einem statischen Hintergrundbild begnügen müssen. Stattdessen können Sie einen Live-Hintergrund verwenden, der sich beständig dynamisch verändert und Ihrem Tablet so ein attraktives Aussehen verleiht. Funktionell bringt das keine Vorteile, aber es ist einfach ein richtiger Augenschmaus.

1　Tippen Sie lange auf eine freie Stelle der Startseite, bis der Dialog zum Auswählen des Hintergrunds angezeigt wird.

2　Tippen Sie dort auf *Live-Hintergründe.*

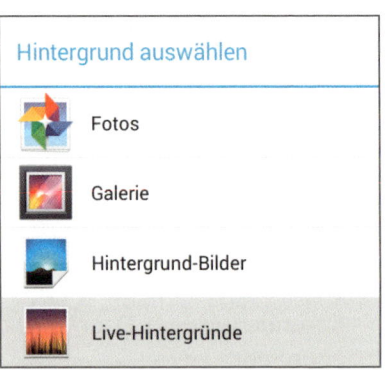

3 Dadurch wird eine Auswahl der auf Ihrem Tablet vorhandenen dynamischen Hintergründe angezeigt. Häufig gehören schon ein oder zwei zur Grundausstattung, ansonsten verrät der nachfolgende Abschnitt, wo Sie (weitere) Live-Hintergründe für Ihr Tablet finden. Tippen Sie einfach einen der angebotenen Live-Hintergründe an, um ihn zu aktivieren.

4 Anschließend sehen Sie zunächst eine Vorschau dieses dynamischen Hintergrunds. Teilweise können Sie mit *Einstellungen* noch Aussehen und Verhalten anpassen. Ist alles zu Ihrer Zufriedenheit, tippen Sie auf *Hintergrund festlegen*.

Weitere spektakuläre Live-Hintergründe finden

Der Play Store kennt eine eigene Kategorie für Live-Hintergründe.

1 Öffnen Sie im Play Store den Bereich *Apps* und schieben Sie den Bildschirm nach rechts, um links die *Kategorien*-Liste anzuzeigen.

2 Suchen Sie in der Liste den Eintrag *Live-Hintergründe* und tippen Sie darauf.

3 Der Play Store präsentiert Ihnen dann eine Vielzahl von Live-Hintergründen und Apps, die als solche verwendet werden können. Teilweise sind diese kostenlos, teilweise müssen sie bezahlt werden. Das Herunterladen erfolgt genau wie bei herkömmlichen Apps (siehe Kapitel 3).

Wichtige Informationen mit Widgets stets im Blick

Startseiten können nicht nur Symbole zum Starten von Apps beinhalten, sondern auch Widgets für wichtige Informationen und Funktionen. Diese können Sie selbst auswählen und nach Ihren Wünschen konfigurieren.

> **Was sind Widgets?**
>
> Widgets, auch Gadgets oder Minianwendungen genannt, sind kleine interaktive Programme, die direkt auf einer Startseite angezeigt und genutzt werden können. Sie verraten wichtige Informationen wie eingegangene E-Mails, zeigen die aktuelle Wetterprognose oder einfach die Uhrzeit an. Sie können aber auch interaktiv sein und Funktionen bereitstellen, wie z. B. ein kleines Formular, aus dem heraus sich direkt bei Google suchen lässt, oder die in Kapitel 8 vorgestellte schnelle Energiesteuerung.

1 Wählen Sie am besten zunächst eine Startseite aus, auf der noch Platz für weitere Elemente ist.

2 Tippen Sie in der Favoritenleiste mittig auf das App-Symbol, um die App-Übersicht zu öffnen.

Widgets bei älteren oder angepassten Android-Versionen

Bei manchen Android-Tablets ist die Vorgehensweise zum Einfügen von Widgets etwas anders, etwa bei älteren Android-Versionen oder wenn Hersteller wie Samsung die Benutzeroberfläche angepasst haben. Wenn die hier beschriebene Methode nicht zum Erfolg führt, tippen Sie lange auf eine freie Stelle einer Startseite. Dann erhalten Sie meist ein Auswahlmenü, mit dem Sie App-Symbole, Widgets oder Hintergründe hinzufügen können. Wählen Sie dann *Widgets*, um alle verfügbaren Widgets zu sehen.

3 Damit öffnen Sie zunächst die Liste der installierten Apps. Oben finden Sie dort aber auch eine Schaltfläche für *Widgets*.

4 Sie erhalten dann eine Übersicht der verfügbaren Widgets für Ihr Tablet. Welche Widgets genau vorhanden sind, hängt von der installierten Software ab. Einige Standard-Widgets von Android sind aber immer dabei.

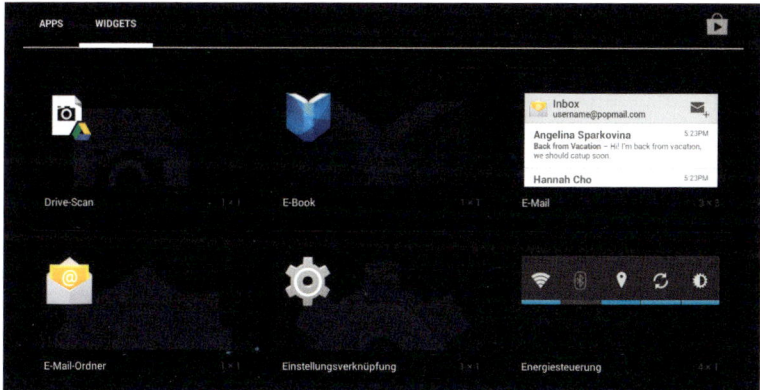

5 Mit Wischbewegungen können Sie sich horizontal durch die Liste bewegen. Wollen Sie eines der Widgets auf die Startseite holen, tippen Sie lange darauf.

6 Nun wird die Startseite angezeigt, und Sie können das Widget dort genauso wie ein App-Symbol platzieren. Auch hier wird der dafür benötigte Platz mit einem Kästchen angedeutet.

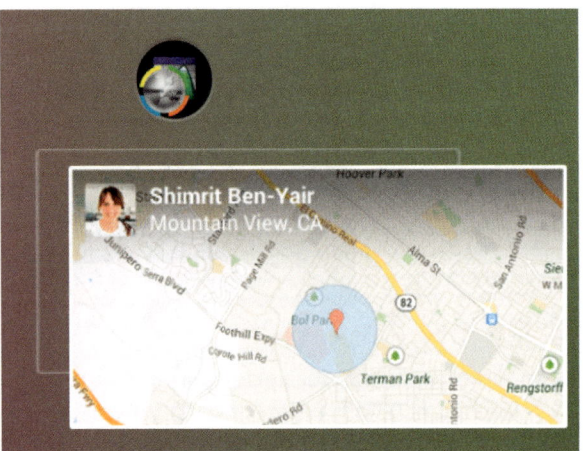

Widgets auf dem Bildschirm platzieren

Widgets lassen sich genauso wie die Symbole für Apps auf Startseiten platzieren, von einer Bildschirmseite auf eine andere verschieben und mit dem Papierkorbsymbol wieder entfernen.

Widgets individuell konfigurieren

Einfache Widgets wie etwa die Analoguhr werden auf dem Bildschirm angezeigt und fertig. Andere Miniprogramme bieten eigene Funktionen und lassen sich individuell einstellen. Ein Beispiel dafür ist das Fotogalerie-Widget, dessen Inhalt sich so vorgeben lässt:

1 Wählen Sie in der Widget-Liste den Eintrag *Fotogalerie* und fügen Sie dieses Widget an beliebiger Stelle in die Startseite ein.

2 Nach dem Loslassen folgt ein Dialog, in dem Sie angeben, was dieses Widget genau anzeigen soll:

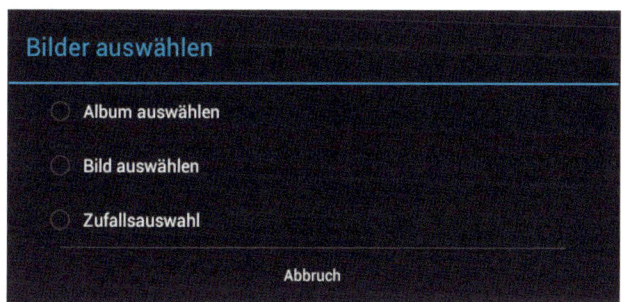

- Wenn Sie ein bestimmtes *Album auswählen*, werden nur Bilder aus diesem Ordner angezeigt.

- Mit *Bild auswählen* geben Sie sogar nur ein ganz bestimmtes Bild vor.

- Soll einfach immer irgendeines der auf dem Tablet gespeicherten Bilder angezeigt werden, nehmen Sie die *Zufallsauswahl*.

3 Anschließend wird ein entsprechendes Widget auf dem Bildschirm platziert.

Auf diese Weise können Sie auch verschiedene Versionen dieses Widgets verwenden, z. B. eine, die immer einen bestimmten Bilderordner öffnet, und eine, die beim Antippen einfach die komplette Galerie öffnet.

Apps können Widgets mitbringen

Standardmäßig bringt Android nur eine kleine Auswahl von Widgets mit. Vielleicht hat der Hersteller Ihres Tablets aber eigene Widgets hinzugefügt. Außerdem können Sie weitere Widgets über den Play Store beziehen (siehe Kapitel 3). Vor allem aber können Apps ihre eigenen Widgets mitbringen, die spezielle Funktionen direkt auf den Startseiten anbieten. Schauen Sie also immer mal wieder in die Widget-Liste hinein, wenn Sie neue Apps installiert haben.

Zu kürzlich gestarteten Apps schnell zurückkehren

Android bietet eine praktische Abkürzung, die zuletzt gestarteten Apps und Funktionen schnell erneut zu erreichen:

1 Tippen Sie unten in der Statusleiste Ihres Tablets auf das Verlaufssymbol.

2 Dadurch holen Sie eine Liste der zuletzt aufgerufenen Apps auf den Bildschirm. Jede App wird mit Namen, Symbol und einer kleinen aktuellen Vorschau des Inhalts aufgeführt. Tippen Sie auf die App, mit der Sie weiterarbeiten möchten.

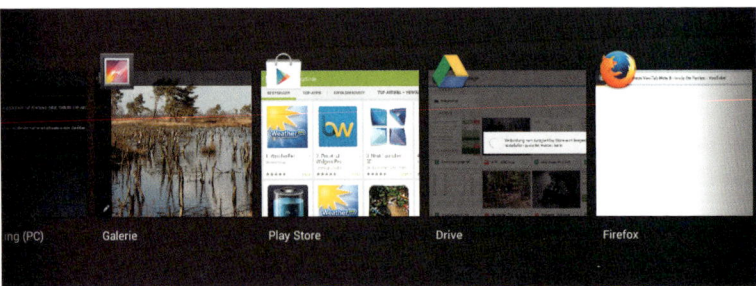

3 Befindet sich die App noch im Speicher, kehren Sie direkt zu der Stelle zurück, an der Sie die App verlassen hatten. Andernfalls wird sie neu gestartet.

Um ein häufiges Missverständnis zu vermeiden: Die angezeigten Apps befinden sich nicht zwangsläufig noch im Arbeitsspeicher. Android zeigt einfach nur die zuletzt aufgerufenen Apps an. In vielen Fällen sind diese Apps aber tatsächlich noch im Speicher, sodass sich diese Abkürzung gut eignet, Apps aus dem Hintergrund wieder nach vorne zu holen.

Kleiner Exkurs: Anwendungen verlassen oder beenden?

Wenn Sie das Arbeiten mit einem PC gewohnt sind, erfordert Android eine gewisse Umgewöhnung. Hier gibt es zwar auch Programme (= Apps), aber man geht damit etwas anders um. Nachfolgend ein paar Tipps dazu:

- Android kann wie ein PC mehrere Programme gleichzeitig ausführen. Während eine App läuft, können Sie einfach weitere starten. Die bisherige läuft im Hintergrund weiter, und Sie können später dorthin zurückkehren.

- Sie brauchen Apps im Allgemeinen nicht zu beenden. Sie können ganz unten links in der Statusleiste Ihres Tablets das Zurück-Symbol antippen, bis von der App nichts mehr zu sehen ist.

- Sie können aber genauso direkt zur Startseite zurückkehren oder mit einer anderen App weitermachen. Die nicht mehr benötigte App verbleibt zwar noch im Speicher, wird aber vom System automatisch entladen, sobald der Platz für andere Apps benötigt wird.

- Ein ausdrückliches Speichern erstellter Inhalte ist in der Regel nicht erforderlich. Eine sauber programmierte App sorgt automatisch dafür, dass nichts verloren gehen kann.

Hintergrund: So verwaltet Android den Arbeitsspeicher

Bei Android kümmert sich das Betriebssystem sehr effektiv um den Arbeitsspeicher, sodass Sie selbst keinen Gedanken daran verschwenden müssen. Machen Sie mit Ihrem Tablet einfach, was gerade anliegt. Sie brauchen nichts zu schließen, speichern, beenden – das alles erledigt Android ganz automatisch. Das Grundprinzip dabei ist einfach: Jede gestartete App bleibt so lange wie möglich im Arbeitsspeicher. Ist der Speicher voll und es soll eine weitere App gestartet werden, wird die älteste (also die am längsten ungenutzte App) aus dem Speicher verbannt.

Überflüssige Dateityp-Zuordnungen mit Apps aufheben

Gängige Dateitypen wie Musik- oder Videoclips oder z. B. PDF-Dokumente können von verschiedenen Apps geöffnet werden. Bei neueren Android-Versionen können Sie nicht nur auswählen, welche App Sie jeweils verwenden möchten. Sie können diese Auswahl auch speichern und so eine Standard-App festlegen, die jeweils automatisch aktiv wird.

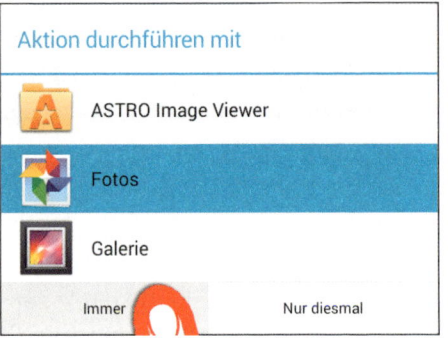

Das klappt prima, solange Sie es sich nicht anders überlegen und lieber eine andere App nutzen würden. Dann müssen Sie einen kleinen Umweg gehen:

1 Merken Sie sich, welche App standardmäßig geöffnet wird, und rufen Sie dann die *Einstellungen* auf.

2 Öffnen Sie dort die Kategorie *Apps* und lokalisieren Sie in der Liste die zuvor gemerkte App.

Android-eigene Apps finden

Handelt es sich um eine App aus dem Lieferumfang von Android, die Sie also nicht aus dem Play Store heraus installiert haben (etwa der Bildbetrachter *Galerie*), dann müssen Sie in der *Apps*-Liste in die Kategorie *Alle* wechseln, um deren Eintrag anzeigen zu können.

---

3 In den Details dieser App ist im Bereich *Standardmäßig starten* die Schaltfläche *Aktionen auf Standard zurücksetzen* aktiviert. Das bedeutet, dass diese App für einen Dateityp als Standard-App festgelegt ist.

4 Tippen Sie auf die Schaltfläche, um diese Standardvorgabe zu entfernen. Wenn Sie nun erneut eine Datei dieses Typs öffnen, wird wieder die gewohnte Abfrage angezeigt und Sie können gegebenenfalls eine andere Standard-App wählen.

Wischen statt tippen: alternative Eingabemethoden verwenden

Als Alternative zum Tippen auf der virtuellen Tastatur hat sich inzwischen das Wischen über die Tasten etabliert: Anstatt den Finger immer wieder zu heben und auf die nächste Taste zu tippen, bleibt die Fingerspitze immer auf dem Glas, sodass ein komplexes Bewegungsmuster entsteht. Die Tastatur erkennt anhand dieses Bewegungsmusters, welches

TouchPal X

Wort getippt werden soll. Deshalb ist keine absolute Präzision beim Treffen der einzelnen Tasten mehr erforderlich. Wenn Ihr Tablet von Haus aus keinen solchen Wisch- oder Swype-Modus beherrscht, können Sie ihn z. B. mit der Gratis-App TouchPal X nachrüsten.

1 Auch bei Swype und Co. tippen Sie zunächst auf das Eingabefeld, damit die virtuelle Tastatur eingeblendet wird.

2 Setzen Sie nun die Fingerspitze auf den ersten Buchstaben des Wortes.

3 Lassen Sie den Finger auf dem Touchscreen und ziehen Sie nun auf die Taste des zweiten Buchstabens. Es ist am Anfang einfacher, auf den einzelnen Tasten kurz zu verharren, aber im Prinzip kann es in einer flüssigen Bewegung direkt weitergehen.

4 Ziehen Sie die Fingerspitze dann der Reihe nach auf die weiteren Buchstaben.

5 Nehmen Sie die Fingerspitze nun vom Touchscreen.

Eine alternative Eingabemethode wählen

Tablets bieten meist genügend Platz, um auf der virtuellen Tastatur bequem tippen zu können. Trotzdem können Sie auch andere Eingabemethoden parallel nutzen, also beispielsweise mal die einfache Tipptastatur, mal die Spracheingabe oder mal das Wischen über die virtuellen Tasten. Welche Eingabemethode standardmäßig zum Zuge kommt, legen Sie in den *Einstellungen* fest (*Sprache & Eingabe*). Sie können aber auch bei jeder Eingabe neu entscheiden.

1 Tippen Sie auf das Feld, in das Sie etwas eingeben möchten, damit die virtuelle Tastatur angezeigt wird.

2 Zusätzlich zur Tastatur finden Sie nun in der Statusleiste auch ein kleines Tastatursymbol. Tippen Sie darauf, um eine Liste der verfügbaren Eingabemethoden zu öffnen.

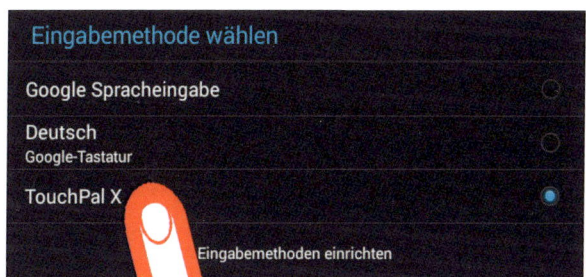

3 Wählen Sie darin die Eingabemethode, die Sie in diesem Fall nutzen möchten. Damit wechseln Sie direkt zur entsprechenden Eingabemethode und können sofort loslegen.

Tastatur ein- und ausblenden

Sie können die virtuelle Tastatur bei Bedarf jederzeit ausblenden. Tippen Sie dazu unten links in der Statuszeile auf das Pfeil-nach-unten-Symbol. Möchten Sie die Tastatur wieder einblenden, tippen Sie einfach erneut in das Eingabefeld.

Klare Ansagen: Steuern Sie Ihr Tablet per Spracheingabe

Neuere Android-Versionen bringen von Haus aus die Fähigkeit zur Sprachsteuerung mit. So können Sie sich lästige Tipparbeit mit der virtuellen Tastatur sparen und viele wichtige Funktionen einfach per Spracheingabe nutzen. Tippen Sie dazu auf der Startseite auf das kleine Mikrofonsymbol neben dem Google-Symbol. Je nach Ausrichtung des Tablets befindet dieses sich beispielsweise am oberen oder am linken Rand.

Damit aktivieren Sie die Spracheingabe, was mit einem Mikrofondialog angezeigt wird. Sprechen Sie nun einfach Ihre Anweisung in Richtung Tablet.

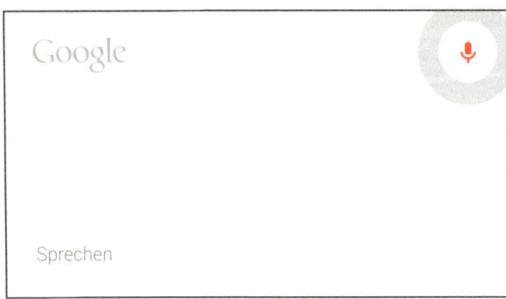

Hierfür müssen Sie sich lediglich einige wenige Schlüsselwörter merken. Wenn Sie diese verwenden, machen Sie deutlich, dass Sie nichts suchen, sondern beispielsweise ein Musikstück abspielen, eine App öffnen oder eine bestimmte Webseite anzeigen möchten. Die Befehle dafür sind recht intuitiv:

- *Karte mit* <Adresse, Name, Geschäft etc.> zum Anzeigen eines Standorts auf der Karte, z. B. „Karte vom Berliner Tiergarten".

- *Route nach* oder *Navigiere zu* <Adresse, Kontaktname, Geschäft, Sehenswürdigkeit etc.>, um eine Route zu einem bestimmten Ziel zu planen, z. B. „Navigiere zu Reichstag".

- *Öffne* <Webseite>, um eine Webseite im Browser zu öffnen, z. B. „Öffne spiegel.de".

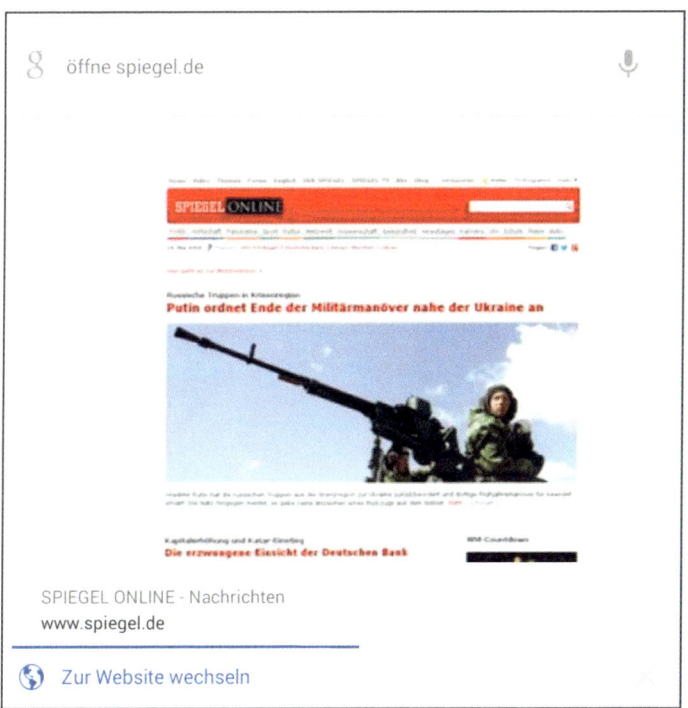

- *E-Mail senden* <Kontaktname>, um E-Mail zu erstellen, z. B. „E-Mail senden an Hans Mustermann".

- *Abspielen* <Musiktitel, Album oder Interpret>, um Musik abzuspielen, z. B. „Abspielen Bruce Springsteen".

Hat die Sprachsteuerung Ihre Anweisung erkannt, zeigt sie sie auf dem Bildschirm an. Sie haben nun noch kurz Zeit, eine falsch erkannte Aktion abzubrechen. Andernfalls wird sie nach Ablauf der Wartefrist automatisch ausgeführt.

Weitere Befehle und Beispiele finden Sie in der Hilfe, die Sie mit der gleichnamigen Schaltfläche der Sprachsteuerung abrufen können. Die Sprachsteuerung bestätigt Ihnen den erkannten Befehl kurz und führt ihn direkt aus.

Zusätzliche Funktionen entdecken: versteckte Kontextmenüs nutzen

Auf den ersten Blick enthüllt sich nur ein Teil der Funktionen Ihres Android-Tablets. Spezielle, seltener genutzte Funktionen verstecken sich in Kontextmenüs und werden dort leicht übersehen.

Mehr Funktionen mit dem Menüsymbol

Das Menüsymbol von Android wird gerne übersehen. Es wird automatisch angezeigt, wenn eine App über Menüfunktionen verfügt. Hier verstecken die Entwickler gerne Funktionen, die vermeintlich nicht so häufig be-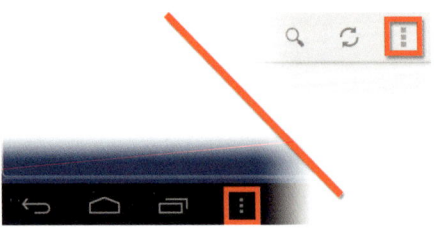nötigt werden. Auch der Zugang zu den Einstellungen von Apps findet sich hier häufig. Dass die Position des Menüsymbols nicht einheitlich ist, hilft auch nicht unbedingt. Klassische Smartphone-Apps blenden das

Symbol unten in der Statusleiste ein. Mittlerweile setzt es sich bei Tablets allerdings durch, das Menüsymbol oben ganz rechts anzuzeigen.

1 Durch das Antippen dieses Symbols öffnen Sie ein Menü mit zusätzlichen Funktionen.

2 Der genaue Inhalt hängt völlig von der jeweiligen App ab. Einen Menüpunkt *Einstellungen* finden Sie aber fast immer.

3 Teilweise unterscheidet sich der Inhalt des Menüs auch, wenn Sie das Symbol in verschiedenen Bereichen ein und derselben App abrufen. Es lohnt sich also, immer mal wieder auf das Symbol zu tippen.

Kontextmenüs für Objekte

Auch einzelne Objekte auf den Startseiten oder innerhalb einer App können über ein Kontextmenü verfügen, das zusätzliche Funktionen beinhaltet. Ein gutes Beispiel dafür sind Links im Webbrowser.

1 Wenn Sie auf einer Webseite einen Link kurz antippen, wird er geöffnet.

2 Tippen Sie ihn hingegen länger an, zeigt Android ein Kontextmenü an, in dem Sie verschiedene Funktionen wie *Link in neuem Tab öffnen*, *Link teilen* oder *Lesezeichen für Link setzen* vorfinden.

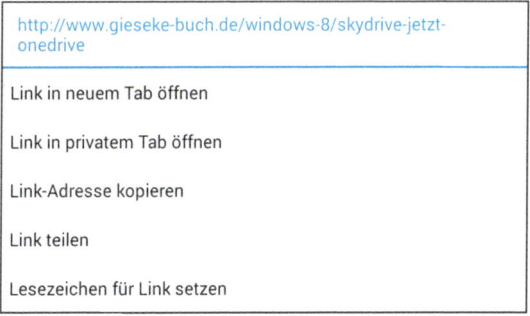

Kopieren & Einfügen – So funktioniert es bei Android

Auch wenn man es bei einem Tablet nicht ganz so häufig benötigt, ist es doch hin und wieder ganz praktisch: Inhalte aus einer Anwendung kopieren und in eine andere einfügen. Ganz so global wie etwa bei Windows funktioniert es bei Android allerdings nicht. Aber an den entscheidenden Stellen steht Ihnen diese Funktion zur Verfügung.

Inhalte kopieren

Bei vielen Anwendungen wie dem Webbrowser oder E-Mail-Programm, aber auch in beliebigen Eingabefeldern können Sie bei Bedarf in einen Textauswahlmodus umschalten.

1 Wenn der zu kopierende Text auf dem Bildschirm angezeigt wird, tippen Sie lange mit einem Finger darauf.

2 Der Text unmittelbar unter Ihrem Finger wird dann markiert sowie mit Anfangs- und Endmarkierungen versehen. Diese können Sie nun beliebig verschieben, um genau den Inhalt zu erfassen, den Sie kopieren möchten.

> **Vor dem Verwenden: Karten herunterladen**
>
> Von OsmAnd gibt es zwei Versionen: OsmAnd+ ist die Kaufversion mit unbegrenzter Kartennutzung. Die Basisversion OsmAnd ist auf zehn Kartenpakete gleichzeitig beschränkt. Da ein Paket aber z. B. einem deutschen Bundesland entspricht, kann man auch da schon sehr viel anfangen. Und wem die App gefällt, der sollte ruhig auf OsmAnd+ umsteigen, denn das Preis/Leistungsverhältnis ist mehr als Alternativ. Beide Apps werden zunächst ganz ohne Karten ausgeliefert. Die Karten, die man nutzen möchte, muss man sich zunächst herunterladen.

3 Am oberen Bildschirmrand finden Sie in diesem Modus außerdem die *Textauswahl*-Leiste mit den wichtigsten Bearbeitungsmöglichkeiten. Tippen Sie hier auf *Kopieren*, um den markierten Text in die Zwischenablage zu übertragen.

Inhalte einfügen

Den Inhalt der Zwischenablage können Sie in beliebige Eingabefelder einfügen.

1 Tippen Sie an einer freien Stelle länger auf das Eingabefeld.

2 Die Einfügemarke wird dann gegebenenfalls an das Ende des vorhandenen Textes platziert und eine *Einfügen*-Schaltfläche angezeigt.

3 Soll der Text aus der Zwischenablage nicht am Ende angehängt, sondern irgendwo mitten in den vorhandenen Text eingefügt werden, können Sie die Positionsmarkierung noch verschieben.

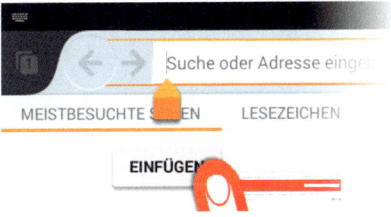

4 Tippen Sie dann auf *Einfügen*. Der komplette Inhalt der Zwischenablage wird an der gewählten Position eingefügt.

Die besten Tipps zu Startseiten, App–Steuerung und Eingabemethoden

App–Ordner benennen

Um Ordner unabhängig von den enthaltenen Symbolen einfach unterscheiden zu können, sollten Sie ihnen Namen geben:

1 „Öffnen" Sie dazu einen Ordner durch einfaches Antippen.

2 Tippen Sie dann auf den Namen bzw. den Schriftzug *Unbenannter Ordner*.

3 Dadurch wird eine Einfügemarke aktiviert und die virtuelle Tastatur eingeblendet.

4 Geben Sie nun einen kompakten, aber aussagekräftigen Namen ein und bestätigen Sie diesen mit der ⏎-Taste.

In Zukunft wird dieser Name wie bei einer App als Schriftzug unterhalb des Ordnersymbols angezeigt.

Apps in den Hintergrund schicken und später weiternutzen

Aufgrund der Speicherverwaltung von Android ist es einfach, eine App vorübergehend in den Hintergrund zu schicken und später damit weiterzuarbeiten:

1 Wenn eine Anwendung im Hintergrund weiterlaufen soll, lassen Sie diese App einfach, wie sie ist. Verwenden Sie nicht die Zurück-Taste, um die App zu verlassen!

2 Nutzen Sie die Startseite oder eine beliebige andere Methode, um direkt eine andere App zu starten.

3 Um später zur ursprünglichen App zurückzukehren, rufen Sie diese einfach erneut auf. Da die App noch im Speicher geladen ist, kehren Sie direkt zu dem Punkt zurück, an dem Sie sie verlassen haben.

Diese Methode funktioniert mit einer Einschränkung: Wenn Sie zwischenzeitlich mehrere Apps starten, im Web surfen, Nachrichten schreiben etc., reicht der Speicher eventuell nicht aus, und Android entlädt die ursprüngliche Anwendung automatisch. In dem Fall wird sie durch den späteren erneuten Aufruf neu gestartet.

Apps wieder von Startseiten entfernen

Wenn Sie eine App nicht mehr so oft nutzen oder einfach Platz für andere Apps oder Widgets benötigen, können Sie das Symbol einfach wieder von der entsprechenden Startseite verbannen:

1 Tippen Sie das Symbol länger an, bis es erfasst ist.

2 In diesem Modus wird je nach Ausrichtung des Tablets oben links oder oben mittig ein kleines *x*-Symbol angezeigt (bei älteren Android-Versionen finden Sie auch ein Papierkorbsymbol unten in der Mitte). Ziehen Sie das Symbol darauf.

3 Liegt das Symbol passend auf dem Löschen-Symbol, färbt es sich rot ein. Lassen Sie nun los, um das Symbol vom Bildschirm zu verbannen.

Dieses Entfernen bezieht sich wohlgemerkt nur auf das Symbol auf der Startseite. Über die App-Liste können Sie die App weiterhin wie gewohnt aufrufen.

Apps ausdrücklich beenden

Bei Apps, die laufend Datenverbindungen nutzen oder viel Energie verbrauchen, kann es sinnvoll sein, diese ausdrücklich zu beenden, wenn sie nicht mehr benötigt werden. Das spart Strom und Verbindungskosten. In den meisten Fällen reicht hierzu die Zurück-Taste am Gerät, um die entsprechende Funktion der App abzubrechen oder die App insgesamt zu beenden. Weitere Hinweise zum Beenden von Apps finden Sie auf Seite 29.

2. Überall im Netz – zu Hause und unterwegs jederzeit einfach online gehen

Erst durch die Onlineverbindung erreicht ein Tablet seinen vollen Wert. Ob Surfen, Mailen, soziale Netze, das Herunterladen von Apps oder das Betrachten von Onlinevideos: Fast alle beliebten Anwendungen von Tablets gelingen nur mit einer guten Internetverbindung. Zu Hause und an anderen festen Orten nutzt diese meist WLAN, unterwegs kann das Tablet per Mobilfunk Kontakt herstellen. Und wenn Ihr Tablet dafür nicht die notwendige Hardware mitbringt, können Sie es mit Ihrem Smartphone verbinden und dessen Onlineverbindung am großen Bruder mitnutzen.

- Wie kann ich mein Tablet am einfachsten mit dem Internet verbinden? ⋙ Seite 43

- Was mache ich, wenn mein Tablet das WLAN nicht findet, obwohl es ganz sicher vorhanden ist? ⋙ Seite 45

- Wie kann ich mein Tablet drahtlos mit Zusatzgeräten verbinden? ⋙ Seite 46

- Kann ich die Onlineverbindung meines Smartphones unterwegs auch für das Tablet nutzen? ⋙ Seite 49

- Gibt es eine Alternative für das Internet-Tethering, wenn Bluetooth nicht funktioniert? ⋙ Seite 49

- Wie kann ich nicht mehr benötigte WLAN-Netzwerke aus der Liste entfernen? ⋙ Seite 51

- Warum können andere Geräte mein Tablet per Bluetooth nicht „sehen"? ⋙ Seite 52

So gelingt der Kontakt zum WLAN schnell und sicher

WLAN gehört zur Standardausstattung eines Android-Tablets, und ein Drahtlosnetzwerk zu Hause oder am Arbeitsplatz ist heutzutage schon beinahe selbstverständlich. Somit bietet diese Technik die einfachste, günstigste und leistungsfähigste Möglichkeit, Ihr Tablet mit der Außenwelt zu verbinden.

Die WLAN-Funktion aktivieren

Grundvoraussetzung ist das Aktivieren der WLAN-Funktion, falls diese ab Werk zunächst ausgeschaltet ist.

1 In den *Einstellungen* finden Sie ganz oben die Kategorie *Drahtlos & Netzwerke*.

2 Darin wiederum ist *WLAN* der oberste Menüpunkt. Tippen Sie dort rechts auf den angedeuteten Schalter, um die WLAN-Funktion Ihres Smartphones zu aktivieren.

3 Das Aktivieren dauert nur kurz, dann ist der *AN*-Schalter blau unterlegt, und Sie können Drahtlosnetzwerke verwenden.

Verbinden Sie sich mit einem Drahtlosnetzwerk

Wenn Sie sich in Reichweite eines Drahtlosnetzwerks befinden, können Sie eine Verbindung herstellen. Dies muss nur beim ersten Mal erfolgen.

Anschließend stellt Android diese Verbindung automatisch wieder her, sobald dieses Netzwerk erneut in Reichweite ist.

1   Öffnen Sie wie vorangehend beschrieben in der Kategorie *Drahtlos & Netzwerke* den Menüpunkt *WLAN* (also dieses Mal nicht auf den Schalter tippen, sondern auf den eigentlichen Menüeintrag).

2   Befinden sich Drahtlosnetzwerke in Reichweite, werden diese in der Liste rechts mit einem Funksymbol angezeigt. Tippen Sie den gewünschten Eintrag an.

3   Handelt es sich um ein gesichertes Netzwerk, geben Sie anschließend das Passwort dafür ein und tippen auf *Verbinden*.

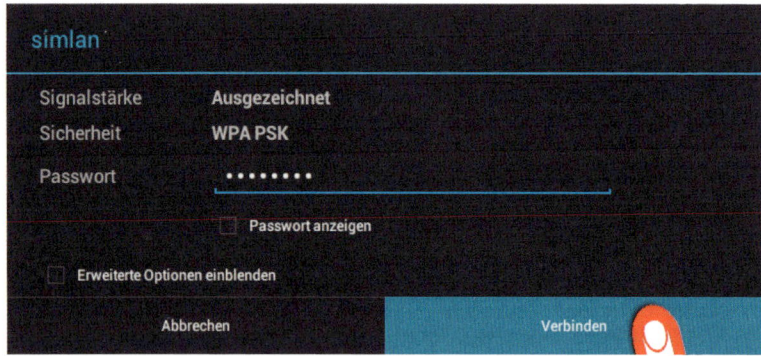

4 Android stellt dann die Verbindung her. Hat alles geklappt, finden Sie oben in der Statuszeile das WLAN-Symbol, das zugleich die Empfangsstärke dieser Verbindung verrät.

Eine einmal eingerichtete Verbindung wird automatisch wiederhergestellt, wenn Sie sich das nächste Mal in der Reichweite dieses Netzes befinden.

Bei versteckten WLANs ohne SSID anmelden

Wenn ein Drahtlosnetzwerk seine Netzwerk-ID nicht ausstrahlt, kann es nicht automatisch erkannt werden. In diesem Fall müssen Sie die Kennung wissen und eintippen, um die Verbindung herzustellen.

1 Tippen Sie in den WLAN-Einstellungen oben rechts auf das Plussymbol.

2 Im folgenden Dialog können Sie zusätzlich die *Netzwerk-SSID* und den verwendeten Sicherheitsstandard angeben.

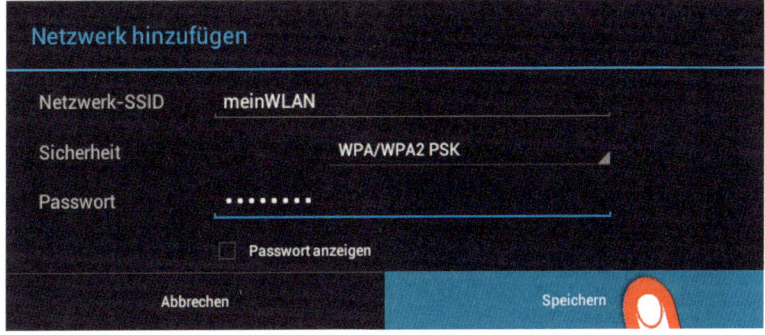

3 Dementsprechend wird eventuell ein weiteres Eingabefeld für das Passwort eingeblendet.

4 Tippen Sie dann auf *Speichern*. Befindet sich dieses Netzwerk in Reichweite, wird die Verbindung gegebenenfalls direkt hergestellt.

Eine Bluetooth-Verbindung zu Smartphones und Zusatzgeräten herstellen

Mit der drahtlosen Bluetooth-Technologie können Sie Ihr Android-Tablet mit externen Geräten wie Tastaturen, Headsets oder Musikspielern verbinden. Sie können es aber auch mit einem Smartphone koppeln, um beispielsweise dessen Onlineverbindung mitzunutzen.

Die Bluetooth-Funktion nach Bedarf steuern

Die Bluetooth-Funktion Ihres Tablets benötigt wie alle Zusatzfunktionen Strom. Da diese Drahtlosverbindung nur auf kürzere Distanzen ausgelegt ist, hält sich der Verbrauch allerdings in Grenzen. Trotzdem ist es akkuschonender, Bluetooth nur bei Bedarf einzuschalten.

1 Ähnlich wie die WLAN-Optionen finden Sie Bluetooth in den *Einstellungen* ganz oben in der Rubrik *Drahtlos & Netzwerke*.

2 Hier ist direkt der Punkt *Bluetooth* aufgeführt. Mit dem Schalter rechts können Sie die Bluetooth-Hardware Ihres Tablets ein- und ausschalten.

Bluetooth per Widget steuern

Auf Seite 209 stelle ich das Widget Energiesteuerung vor, mit dem Sie verschiedene Funktionen direkt auf einer Startseite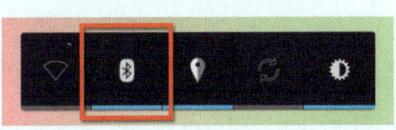

steuern können. Das zweite Icon von links steuert Bluetooth. Noch mehr Tipps zum Energiesparen finden Sie in Kapitel 12.

Die Verbindung zu einem neuen Gerät herstellen

Damit Ihr Tablet per Bluetooth z. B. mit Ihrem Smartphone kommunizieren kann, muss die Verbindung einmalig eingerichtet werden (Pairing).

1 Schalten Sie das andere Gerät ein und aktivieren Sie im Menü (oben rechts) gegebenenfalls die Sichtbarkeit für einen gewissen Zeitraum.

2 Tippen Sie nun auf den *Bluetooth*-Eintrag in den *Einstellungen*, um die Liste der bekannten Bluetooth-Geräte anzuzeigen.

3 Tippen Sie oberhalb der Liste rechts auf *Nach Geräten suchen*, um ein neues Gerät hinzuzufügen.

4 Das Tablet sucht dann nach Bluetooth-Kontakten in der Umgebung und sollte das Gerät nach kurzer Wartezeit in der Liste unter *Verfügbar* anzeigen. Tippen Sie darauf, um die Verbindung herzustellen.

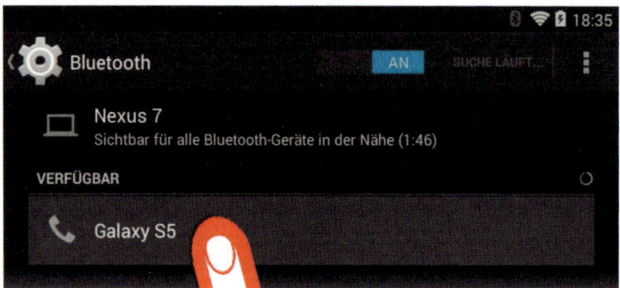

5 Um den Missbrauch von Bluetooth zu vermeiden, sind die Verbindungen teilweise mit einer PIN geschützt. Diese müssen Sie am jeweils anderen Gerät eingeben bzw. bestätigen.

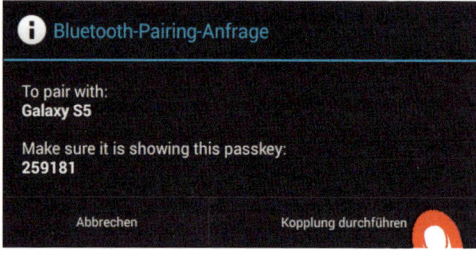

6 Nun wird die Verbindung zwischen den beiden Geräten ausgehandelt und hergestellt. Dies kann z. B. bei einer Freisprecheinrichtung länger dauern, wenn dabei eine größere Anzahl an Kontakten übermittelt werden muss.

Dieses „Kennenlernen" zwischen beiden Geräten muss nur einmal durchgeführt werden. Anschließend kennen die beiden sich und stellen die Verbindung wieder her, sowie sie in Reichweite sind.

Das eigene Telefon sichtbar machen

Ihr eigenes Telefon muss seine Gerätekennung ausstrahlen, um eine Verbindung zu einem anderen Gerät herzustellen. Tippen Sie hierfür im Menü der Bluetooth-Liste auf *Timeout für Sichtbarkeit* und wählen Sie, wie lange Ihr Smartphone sichtbar sein soll. Anschließend wird die Funktion aus Sicherheitsgründen automatisch wieder deaktiviert.

Die Onlineverbindung des Handys per Bluetooth nutzen

Wenn die Bluetooth-Verbindung zwischen Tablet und Smartphone steht, brauchen Sie nur noch das Bluetooth-Tethering auf dem Handy zu aktivieren. Bei einem Android-Smartphone geht das folgendermaßen:

1 Öffnen Sie die *Einstellungen* und tippen Sie dort im Bereich *Drahtlos & Netzwerke* auf *Mehr*.

2 Wählen Sie dann den Menüpunkt *Tethering & mobiler Hotspot*.

3 Aktivieren Sie hier die Option *Bluetooth-Tethering* und verlassen Sie das Menü dann wieder.

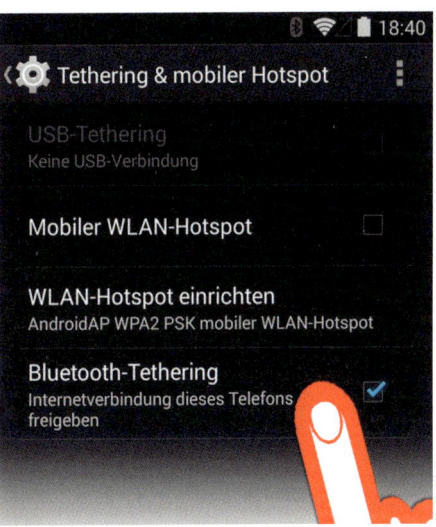

Ab sofort kann Ihr Tablet die Internetverbindung des Smartphones mitbenutzen, wenn die beiden per Bluetooth verbunden sind.

WLAN-Tethering: das Smartphone als mobilen WLAN-Router nutzen

Falls es mit dem Verbinden per Bluetooth nicht klappt oder Ihr Tablet kein Bluetooth beherrscht, geht es eigentlich immer per WLAN: Android-Smartphones bringen die Funktionen dafür ab Version 2.2 von Haus aus mit. Wählen Sie dann auf dem Smartphone (nicht dem Tablet!) die folgenden Einstellungen:

1 Öffnen Sie in den *Einstellungen* im Bereich *Drahtlos & Netzwerke* den Punkt *Tethering & mobiler Hotspot*.

2 Tippen Sie im anschließenden Menü auf *Mobiler WLAN-Hotspot*.

3 Tippen Sie dann auf *WLAN-Hotspot einrichten*.

4 Wählen Sie dann einen Namen für das Mini-WLAN-Netzwerk aus, legen Sie den zu verwendenden Sicherheitsstandard sowie das Passwort dafür fest.

5 Tippen Sie auf *Speichern*.

6 Das Smartphone bietet nun einen WLAN-Zugang an, den Sie mit dem WLAN-Empfänger Ihres Tablets finden und nutzen können. Geben Sie dazu am Tablet die hier festgelegten Zugangsdaten (Schritt 4) ein.

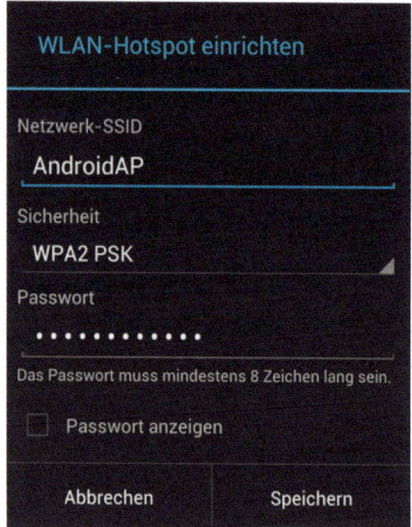

Tethering ist nicht immer zulässig

Tethering wird von den Mobilfunkanbietern teilweise ausdrücklich untersagt und unterbunden bzw. mit Zusatzkosten belegt. Vergewissern Sie sich deshalb vorher, ob Sie diese Funktion nutzen dürfen bzw. ob dadurch zusätzliche Kosten entstehen.

Geld und Strom sparen: Datenverbindungen nach Bedarf steuern

Der mobile Internetzugang und insbesondere häufige Datenverbindungen für das Synchronisieren von Kontakten, Terminen, E-Mails oder Status-Updates für soziale Netzwerke kosten sowohl Strom als auch Geld.

Ein nicht geringer Teil der Onlinekosten wird für das Synchronisieren von E-Mails, Kontakten und Terminen verbraucht. Auch hier kann das Widget für Energiesteuerung gute

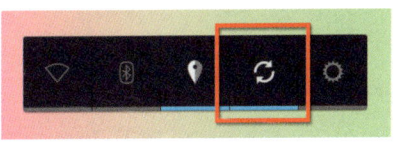

Dienste leisten (siehe Seite 209). Das zweite Icon von rechts schaltet den Datenabgleich ein und aus. Das bezieht sich allerdings nur auf die Synchronisierungsfunktionen von Android selbst. Zusätzliche Apps mit eigenen Abgleichfunktionen lassen sich dadurch meist nicht beeindrucken.

Die besten Tipps zu Onlineverbindungen

Besuchte WLANs aus der Liste entfernen

Ihr Smartphone merkt sich alle jemals besuchten Drahtlosnetzwerke, um die Verbindung hierzu gegebenenfalls sofort wiederherstellen zu können. Dadurch kann die Liste nach und nach sehr umfangreich werden. Vor allem aber kann das negative Nebenwirkungen haben, etwa wenn an einem Standort mehrere WLANs vorhanden sind und das Gerät sich automatisch mit dem falschen verbindet.

1 In der *WLAN*-Liste sind alle Drahtlosnetzwerke vermerkt, mit denen Sie bislang in Verbindung waren.

2 Tippen Sie lange auf das zu entfernende WLAN.

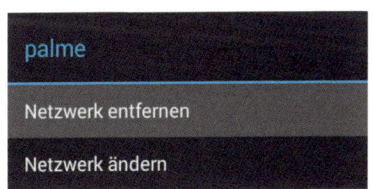

3 Wählen Sie im Menü den Befehl *Netzwerk entfernen*.

Das Tablet per Bluetooth sichtbar machen

Wenn Sie von einem anderen Gerät aus Kontakt zu Ihrem Tablet aufnehmen möchten, müssen Sie dieses zumindest kurzfristig sichtbar machen, sodass es seine Bluetooth-Kennung ausstrahlt.

1 Aktivieren Sie dazu Bluetooth und tippen Sie dann in den Bluetooth-Einstellungen oben rechts auf das Menüsymbol.

2 Wählen Sie hier den Menüpunkt *Sichtbarkeit einstellen*.

3 Im anschließenden Dialog können Sie festlegen, wie lange Ihr Tablet seine Kennung sichtbar machen soll. Anschließend wird diese Funktion automatisch wieder deaktiviert.

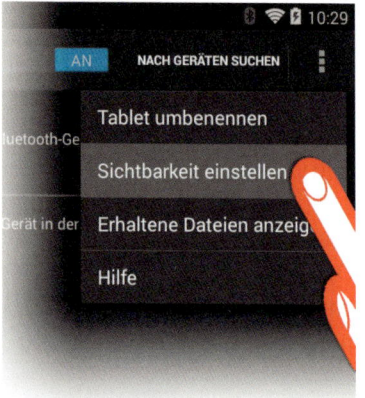

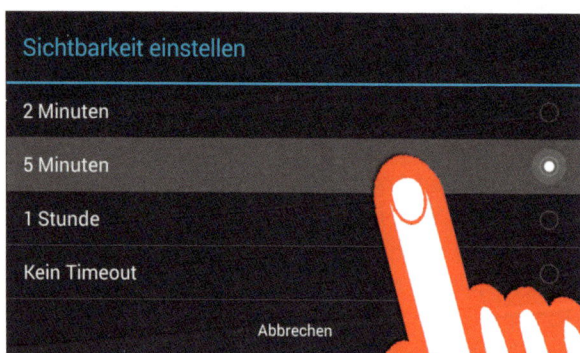

Die Sichtbarkeit wird nur jeweils für das Koppeln mit einem neuen Gerät benötigt. Die Verbindungen, die Sie in dieser Zeit hergestellt haben, können dann aber weiter ohne Sichtbarkeit genutzt werden.

3. Softwaresupermarkt – Erweitern Sie Ihr Tablet mit den besten Apps aus dem Play Store

Apps ist das bei Mobilgeräten gängige Kürzel für „Applikationen" oder auf gut Deutsch „Anwendungen". Apps bringt jedes Tablet mit. Einige gehören schon zum Lieferumfang des Android-Betriebssystems, andere fügen die Tablet-Hersteller hinzu. Sie können aber auch selbst Apps installieren. Der Onlinemarktplatz Google Play Store bietet Hunderttausende Anwendungen und Spiele an, darunter auch zahlreiche kostenlose.

Play Store

- Wie finde ich die besten Anwendungen und Spiele? ≫ Seite 58
- Wie werden Apps aus dem Play Store installiert? ≫ Seite 62
- Was muss ich beim Kaufen von Apps beachten? ≫ Seite 63
- Kann ich gekaufte Apps bei Nichtgefallen zurückgeben? ≫ Seite 65
- Gibt es attraktive Alternativen zum Google Play Store? ≫ Seite 71
- Wie kann ich Apps installieren, die nicht im Play Store angeboten werden? ≫ Seite 68
- Kann ich mir Apps bequem am PC aussuchen und dann auf meinem Tablet installieren? ≫ Seite 66
- Wie kann ich Apps aus dem knappen internen Speicher auf eine SD-Karte auslagern? ≫ Seite 242
- Wie kann ich hängende Apps beenden? ≫ Seite 73
- Wie kann ich Apps von meinem Tablet entfernen? ≫ Seite 75

Das Tablet mit einem Google-Konto verknüpfen

Wenn Sie den Play Store zum ersten Mal aufrufen, fragt er nach einem Google-Konto, mit dem das Gerät verknüpft werden soll. Wenn Sie bereits ein solches Konto haben, können Sie dieses verwenden. Alternativ legen Sie einfach ein neues für diesen Zweck an. Diese Konten sind kostenlos, und Sie können beliebig viele davon einrichten.

Der Play Store und das Google-Konto

Um den Play Store zu nutzen und Apps von dort herunterzuladen, müssen Sie Ihr Tablet mit einem Google-Konto verbinden. Dieses ist kostenlos und verpflichtet zu nichts. Allerdings ist diese Verknüpfung dauerhaft und lässt sich nicht ohne Weiteres ändern. Durch das Konto merkt sich der Play Store, welche Apps Sie installiert und gegebenenfalls auch gekauft haben. Wenn Sie gleichzeitig ein anderes Gerät mit diesem Google-Konto verknüpfen, können Sie die gekauften Apps so auf beiden Geräten nutzen. Das gilt auch, wenn Sie von einem Android-Tablet zu einem neuen wechseln: einfach das alte Google-Konto auch beim neuen Gerät angeben, und schon können Sie die vertrauten Apps wieder herunterladen und nutzen.

---

1 Wenn Sie den Play Store auf Ihrem Tablet zum ersten Mal aufrufen, will er automatisch ein Konto einrichten.

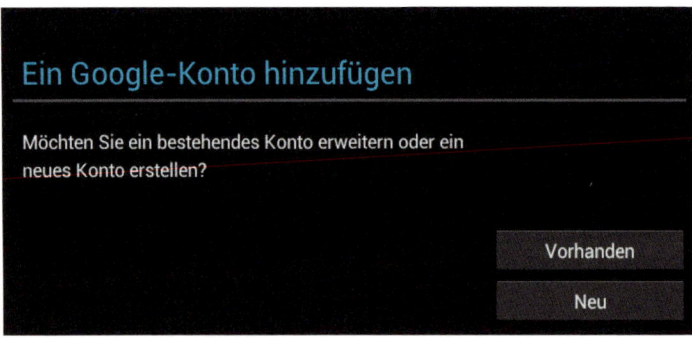

2 Wenn Sie bereits ein Google-Konto haben, können Sie auf *Vorhanden* tippen. Andernfalls lesen Sie im nachfolgenden Abschnitt, wie Sie für diesen Zweck ein neues Konto erstellen.

3 Geben Sie im nächsten Schritt einfach die E-Mail-Adresse und das Passwort Ihres Google-Kontos ein. Tippen Sie dazu zunächst das jeweilige Feld an und nutzen Sie dann die virtuelle Tastatur, um die Daten einzugeben.

4 Ist beides angegeben, wird unten rechts die Schaltfläche *Anmelden* aktiv. Tippen Sie darauf, um die Anmeldung zu vollziehen.

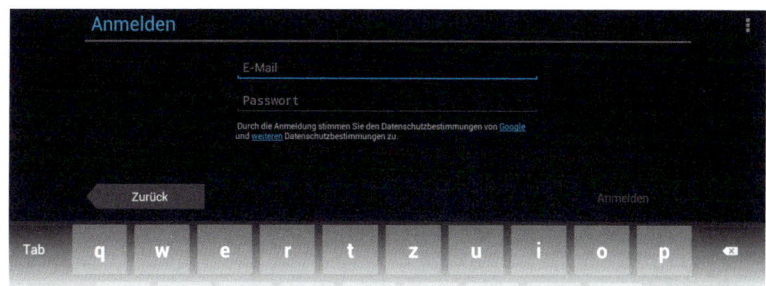

Die so hergestellte Verknüpfung zwischen Gerät und Konto bleibt dauerhaft bestehen. Wenn Sie den Play Store zukünftig aufrufen, brauchen Sie sich also nicht jedes Mal wieder anzumelden.

Ein neues Google-Konto für Ihr Tablet anlegen

Wenn Sie noch nicht über ein Google-Konto verfügen oder ein vorhandenes nicht für diesen Zweck verwenden möchten, können Sie ein neues Konto direkt mit dem Tablet erstellen.

1 Tippen Sie bei der Frage nach dem Google-Konto (siehe vorhergehenden Abschnitt) auf die *Neu*-Schaltfläche.

2 Geben Sie im anschließenden Dialog einen Vor- und Nachnamen für das Konto ein und wählen Sie dann eine Google-Mailadresse dafür aus.

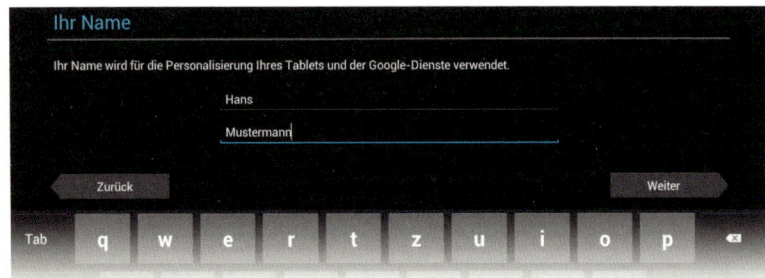

3 Da schon viele Menschen Google-Konten angelegt haben, ist die gewünschte E-Mail-Adresse vielleicht nicht mehr verfügbar und Sie müssen es erneut versuchen. Der Assistent schlägt Ihnen auf Wunsch aber verfügbare Alternativen vor. Wählen Sie eine davon aus und tippen Sie dann rechts auf *Wiederholen*.

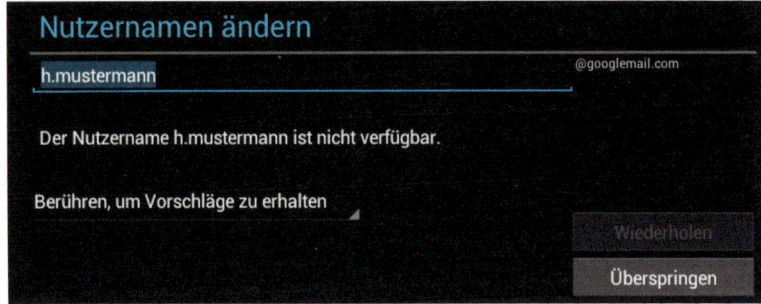

4 Haben Sie einen freien Nutzernamen gefunden, muss noch ein Passwort für das Konto festgelegt werden. Dieses muss zweimal eingegeben werden und mindestens acht Zeichen umfassen. Der Hinweis rechts unter dem oberen Feld verrät Ihnen, wann das gewählte Kennwort sicher ist.

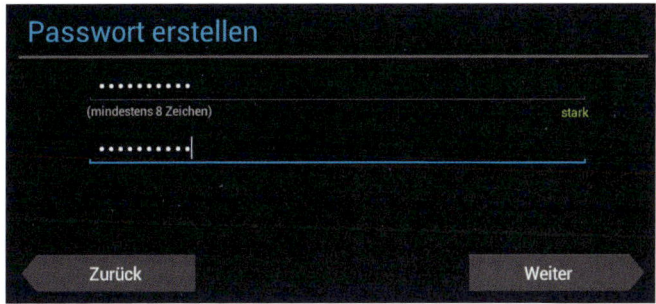

5 Schließlich können Sie eine Sicherheitsfrage angeben. Diese ist wichtig, falls Sie das Passwort einmal vergessen sollten. Dann wird Ihnen diese Frage gestellt. Bei korrekter Antwort wird ein neues Passwort an die angegebene E-Mail-Adresse gesendet. Geben Sie also eine reale E-Mail-Adresse an, zu der Sie jederzeit Zugang haben.

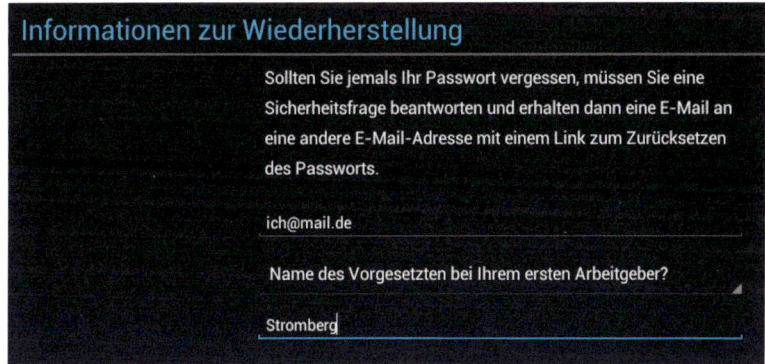

6 Stimmen Sie schließlich den Nutzungsbedingungen zu, um das neue Google-Konto endgültig einzurichten. Dann müssen Sie nur noch einen Zeichencode ablesen und korrekt eintippen, der den Missbrauch dieser Funktion verhindern soll.

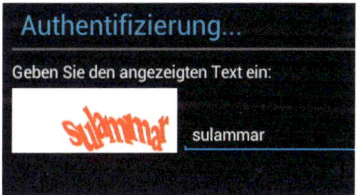

Damit ist Ihr Google-Konto erstellt und automatisch mit Ihrem Tablet verknüpft. Eine Anmeldung im Play Store ist in Zukunft nicht mehr erforderlich.

Nutzername und Passwort gut aufbewahren

Eigentlich ist es selbstverständlich, aber trotzdem der Hinweis: Bewahren Sie die Zugangsdaten Ihres Google-Kontos sorgfältig auf. Auf Ihrem Tablet müssen Sie sie normalerweise nicht mehr eingeben (deshalb vergisst man sie im Laufe der Zeit auch gerne). Es gibt aber Situationen, in denen sie wichtig sind, etwa wenn Sie nach einem System-Update Ihr Gerät neu einrichten müssen, wenn Sie ein weiteres Gerät mit demselben Konto verwenden oder Ihre Apps per Webbrowser verwalten möchten. Insbesondere wenn Sie kostenpflichtige Apps installieren wollen, ist der Zugang zum Google-Konto ganz wichtig. Sonst können Sie in den oben beschriebenen Situationen nicht mehr auf die bereits bezahlten Apps zugreifen und müssen diese gegebenenfalls erneut bezahlen!

So finden Sie im Play Store die besten Apps und Spiele

Der Play Store ist der offizielle Onlinemarktplatz für alle Android-Geräte. Es ist nicht das einzige Verzeichnis, aber mit Abstand das umfangreichste. Um den Play Store mit Ihrem Tablet nutzen zu können, müssen Sie Ihr Gerät einmalig mit einem Google-Konto verbinden (siehe Seite 54). Dann können Sie den Play Store jederzeit besuchen. Am besten nutzen Sie dafür eine WLAN-Verbindung. Per Mobilfunkinternet geht es auch, aber das ist langsamer und je nach Mobilfunktarif teurer.

Der Play Store präsentiert Ihnen auf der Startseite seine digitalen Inhalte in den Kategorien *Apps*, *Spiele*, *Filme*, *Musik*, *Bücher* sowie *Kiosk*. Mit einem Tipp auf *Apps* öffnen Sie die allgemein beliebtesten Apps. Von hier können Sie eine von mehreren Kategorien und Unterkategorien öffnen. Tippen Sie z. B. auf *Tablet 101*, um eine Übersicht der meistgenutzten

Apps speziell auf Android-Tablets abzurufen. Tippen Sie stattdessen auf *Tablet-Spotlight*, finden Sie Apps, die speziell für Tablets entworfen wurden und die Größe sowie Leistungsfähigkeit dieser Geräte optimal ausnutzen.

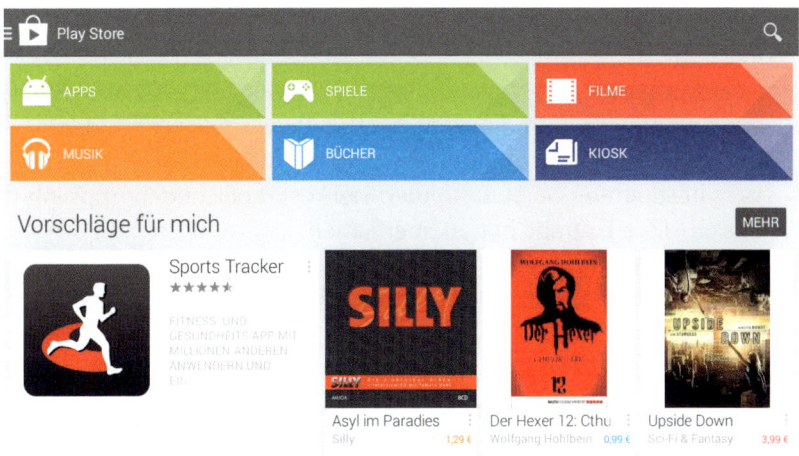

Schnelle Übersicht mit Kategorien

Oben in der Navigationsleiste des Play Store finden Sie jeweils ganz links den Eintrag *Kategorien*. Mit einem Tipp darauf bzw. durch Verschieben des gesamten Bildschirms nach rechts öffnen Sie links eine Liste der Kategorien auf der aktuellen Ebene. Ganz am Anfang finden Sie hier z. B. *Spiele*, *Bücher & Nachschlagewerke*, *Büro*, *Fotografie* etc. Wählen Sie eine der Kategorien, können Sie diese weiter verfeinern, etwa in *Arcade & Action*, *Rennspiele* oder *Sportspiele*.

Um sich eine der Apps genauer anzusehen, tippen Sie deren Eintrag an.

- Sie erhalten dann eine ausführlichere Beschreibung zu dieser App. Sie enthält allgemeine Informationen des Anbieters zu Zweck und Funktionsweise der App. Hier finden sich teilweise auch Bildschirmfotos des Programms.

- Interessant sind die *Erfahrungsberichte* anderer Nutzer. Diese enthalten Anmerkungen und eine Sternchen-Bewertung. Oft finden sich hier auch Hinweise auf Probleme oder zur Stabilität der App auf einem bestimmten Gerät. Besonders bei kostenpflichtigen Apps lohnt es sich, diese Einträge mal zu überfliegen.

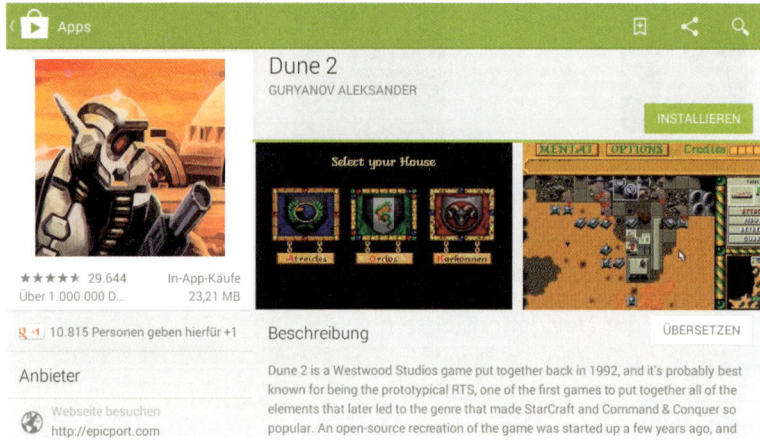

- Die Rubrik *Nutzer haben auch installiert* zeigt oft Apps an, die einem vergleichbaren Zweck dienen, bzw. Spiele, die nach dem gleichen Prinzip funktionieren. Das ist praktisch, um etwa Gratisalternativen zu einer kostenpflichtigen App zu finden.

Eine ganz bestimmte App schnell finden

Der Play Store verfügt über eine einfache Suchfunktion. Wenn Sie eine ganz bestimmte App suchen und deren Namen oder zumindest einen Teil davon kennen, können Sie damit schnell fündig werden.

1 Starten Sie den Play Store und tippen Sie auf das Lupensymbol oben rechts. Damit wechseln Sie zur Suchfunktion des Play Store.

2 Geben Sie hier den Namen der gesuchten App (oder eben einen eindeutigen Bestandteil davon) ein. Während des Tippens erhalten Sie bereits Vorschläge zu passenden Suchbegriffen.

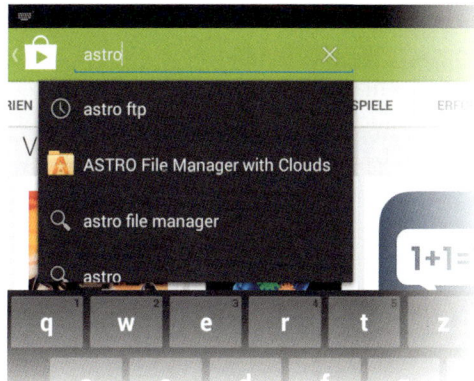

3 Starten Sie die Suche durch Antippen der Eingabetaste oder durch Auswählen eines der vorgeschlagenen Begriffe. Sie erhalten dann nach kurzer Wartezeit eine Liste der Apps, die zu dem gesuchten Begriff passen.

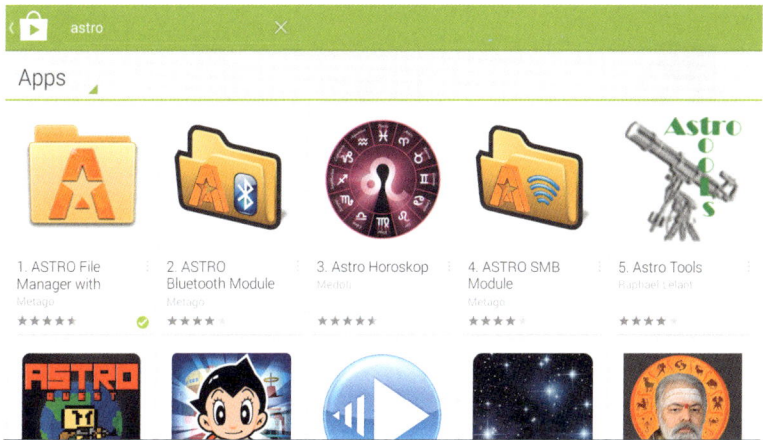

Warum wird die gesuchte App nicht gefunden?

Es kann durchaus passieren, dass Sie eine bestimmte App nicht finden, obwohl Sie genau wissen, dass es sie gibt. Das liegt daran, dass der Play Store automatisch nur Apps anzeigt, die zu Ihrem Tablet passen. Wenn eine App z. B. unbedingt einen GPS-Empfänger benötigt, um ihre Aufgaben erfüllen zu können, ist es sinnlos, sie auf einem Gerät ohne GPS-Hardware zu installieren. Folglich wird diese App im Play Store nur für Geräte angeboten, die mit GPS ausgerüstet sind. Ähnliches gilt für andere Hardwareanforderungen wie Bluetooth, WLAN, eine gewisse Displaygröße oder eine Mindesttaktzahl des Prozessors.

Apps aus dem Play Store ruck, zuck installieren

Das Installieren von Apps aus dem Play Store ist recht komfortabel, da die Dateien direkt via Internet auf das Gerät heruntergeladen und installiert werden. Im Prinzip müssen Sie nur Ihr Okay dazu geben, das allerdings mehrfach:

1 Haben Sie eine App für Ihre Zwecke gefunden, tippen Sie auf die dazugehörige *Installieren*-Schaltfläche.

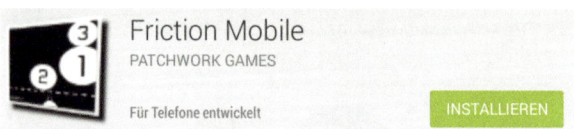

2 Daraufhin wird angezeigt, welche Funktionen diese App nutzt. Das dient Ihrer Sicherheit. Wenn eine App z. B. auf vertrauliche Daten wie Ihre Kontakte zugreifen möchte, können Sie sich an dieser Stelle nochmals über-

legen, ob Ihnen das wirklich recht ist. Wenn ja, setzen Sie die Installation mit *Akzeptieren* fort.

3   Nun beginnt der Download der App. Ist dieser vollständig, installiert Android die Anwendung auch gleich. Das passiert alles automa- 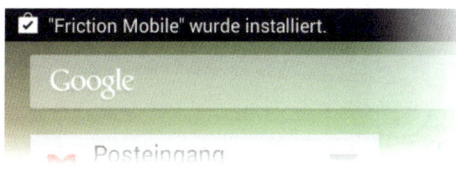 tisch im Hintergrund. Sie bekommen davon lediglich Meldungen in der Statuszeile am oberen Bildschirmrand mit.

4   Nach dem Abschluss der Installation wird dort kurz die Meldung … *wurde installiert* angezeigt. Wenn Sie diesen Moment verpassen, macht das aber nichts. Das dazugehörige Symbol bleibt vorläufig in der Statuszeile. Ziehen Sie diese herunter, um die entsprechende Meldung einzusehen.

5   Mit einem Klick auf die Meldung können Sie die neu installierte App direkt zum ersten Mal starten. Oder Sie löschen die Meldung einfach und rufen die Anwendung später ganz regulär in der App-Übersicht auf.

Kostenpflichtige Apps kaufen

Neben den zahlreichen kostenlosen Apps im Play Store gibt es auch jede Menge kostenpflichtige Programme. Diese können per Kreditkarte bezahlt werden.

1 Bei Bezahl-Apps finden Sie anstelle der *Download*-Schaltfläche einen Button mit dem Preis der App, über den Sie den Kaufvorgang starten.

2 Anschließend müssen Sie wiederum die Zugriffsrechte der App bestätigen sowie gegebenenfalls die Kreditkarte auswählen, mit der Sie die App bezahlen möchten. Steht hier nur *Karte hinzufügen*, müssen Sie zuvor noch die Daten Ihrer Kreditkarte hinterlegen.

Kreditkarte, PayPal oder Telefonabrechnung

Apps und auch Käufe innerhalb einer App via Play Store können mit Kreditkarte und neuerdings auch per PayPal bezahlt werden. Beim ersten Kauf einer App geben Sie dazu die entsprechenden Daten einmalig ein. Bei weiteren Käufen werden diese Daten wiederverwendet, sodass es dann deutlich schneller und unkomplizierter geht. Einige Mobilfunkanbieter wie etwa die Telekom ermöglichen Android-Nutzern auch das Bezahlen von Apps per Telefonrechnung. In diesem Fall wird eine entsprechende Option während des Bezahlvorgangs eingeblendet. Ob dies auch für Sie möglich ist, hängt von Ihrem Anbieter und vom verwendeten Gerät ab. Erkundigen Sie sich gegebenenfalls beim Kundendienst Ihres Mobilfunkanbieters, wenn Sie diese Möglichkeit nutzen möchten.

---

3 Füllen Sie in diesem Fall das anschließende Formular mit den Daten Ihrer Karte aus. Diese Daten werden gespeichert, sodass Sie bei weiteren Käufen die Karte einfach nur auswählen können.

4 Ist eine gültige Kreditkarte hinterlegt, wird noch einmal der Kaufpreis für die gewählte App angezeigt.

5 Stimmen Sie außerdem den Nutzungsbedingungen zu und tippen Sie auf *Akzeptieren*. Die gekaufte Anwendung wird nun wie jede andere App auch heruntergeladen und installiert.

Gekaufte Apps zurückgeben und Preis erstatten lassen

Alle Kauf-Apps im Play Store können Sie für einen leider nur sehr kurzen Zeitraum von 15 Minuten zunächst ausprobieren. Testen Sie also nach einem App-Kauf sofort, ob die App Ihren Vorstellungen entspricht, und vor allem, ob sie auf Ihrem Gerät ordentlich läuft. Wenn nicht, können Sie die App innerhalb dieser Viertelstunde wieder deinstallieren und sich den Kaufpreis erstatten lassen.

1 Um eine gekaufte App zurückzugeben, öffnen Sie die Startseite des Play Store, tippen dort oben links auf das Menüsymbol und wählen im Menü *Meine Apps*.

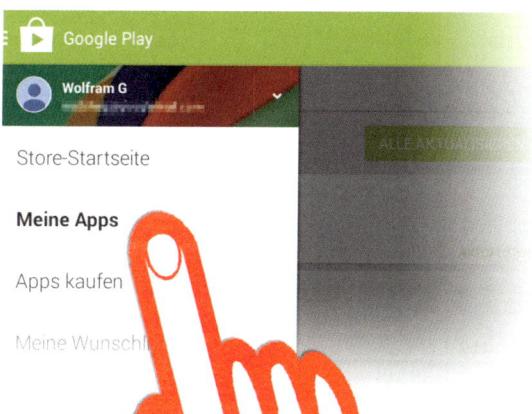

2 Hier werden alle Apps angezeigt, die Sie derzeit heruntergeladen bzw. gekauft haben. Tippen Sie auf die fragliche Anwendung.

3 Ist der Testzeitraum noch nicht abgelaufen, finden Sie hier die Schaltfläche *Erstatten*. Tippen Sie darauf.

4 Bestätigen Sie die Rückfrage mit *Ja*. Die App wird nun deinstalliert und der Kauf storniert. Der Kaufpreis wird also gar nicht erst von Ihrer Kreditkarte abgebucht.

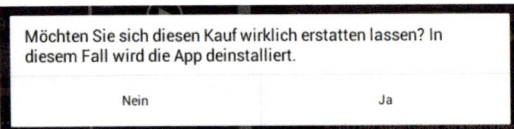

Gekaufte Apps deinstallieren

Sie können bezahlte Apps jederzeit von Ihrem Gerät deinstallieren, z. B. wenn der Speicherplatz knapp wird. Der Play Store merkt sich, welche Apps Sie erworben haben. Sie können die einmal bezahlten Apps also jederzeit wieder installieren, ohne erneut dafür zu bezahlen. Die gekauften Apps sind an das Google-Konto gebunden, mit dem Ihr Tablet verknüpft ist. Dadurch können Sie gekaufte Apps auch bei einem Wechsel des Gerätes „mitnehmen" oder auf anderen Android-Geräten nutzen. Sie müssen dazu nur die Geräte mit demselben Google-Konto verknüpfen.

Den Play Store bequem im Webbrowser besuchen

Dass Sie den Play Store mithilfe der gleichnamigen App direkt mit Ihrem Android-Tablet besuchen können, ist klar. Sie können den Play Store aber auch mit einem beliebigen Webbrowser z. B. am PC öffnen, sich dort in Ruhe informieren und interessante Apps per „Fernsteuerung" installieren lassen. Diese Methode eignet sich beispielsweise auch, wenn Sie beim Surfen Links auf vielversprechende Android-Apps finden. Anstatt den Namen der App im Tablet einzutippen, folgen Sie dem Link am PC und lassen die App direkt auf Ihrem Tablet installieren.

1 Sie finden den Play Store mit einem beliebigen Webbrowser unter der Adresse play.google.com.

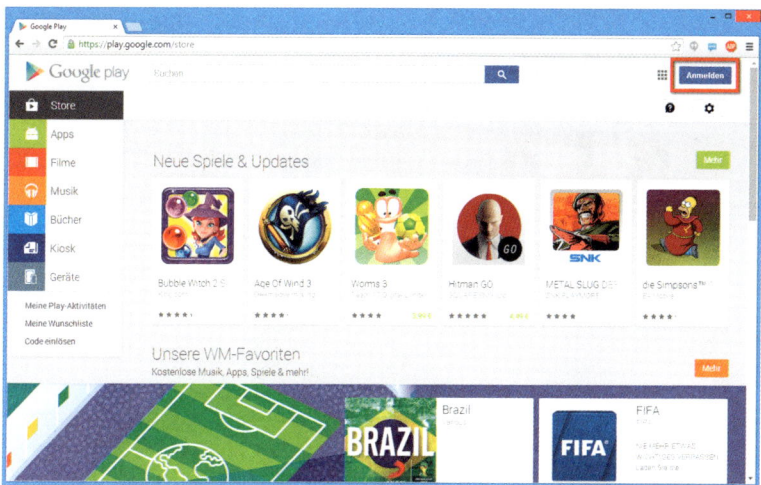

2 Wollen Sie einfach nur durch das Angebot stöbern, können Sie direkt loslegen. Wenn Sie auch Apps herunterladen möchten, sollten Sie sich zunächst oben rechts *Anmelden*. Dann erfahren Sie beispielsweise auch, welche Apps für Ihr Tablet geeignet sind.

3 Wenn Sie die Details einer App betrachten, finden Sie links einen Hinweis, ob diese mit Ihrem Gerät bzw. all Ihren Geräten kompatibel ist. Sollten Sie mehrere Geräte registriert haben, klicken Sie auf den Hinweis, um detaillierte Auskünfte einzuholen.

4 Wenn Sie eine App kaufen oder kostenlos herunterladen, können Sie im Formular bei *Gerät auswählen...* festlegen, auf welchem Gerät diese App installiert werden soll.

Abseits des offiziellen Stores: Software aus anderen Quellen installieren

Der Play Store ist nur eine Quelle für Apps. Prinzipiell lassen sich Android-Anwendungen einfach als Datei aus dem Netz herunterladen und auf dem Gerät installieren. Da das Veröffentlichen von Apps für Entwickler mit Kosten verbunden ist (selbst wenn die Apps kostenlos angeboten werden), stellen manche ihre Apps einfach als Download auf einer Website bereit. Allerdings ist dieser Weg auf den meisten Android-Geräten aus Sicherheitsgründen standardmäßig blockiert.

1 Öffnen Sie die *Einstellungen* und darin im Bereich *Nutzer* die Seite *Sicherheit*.

2 Hier finden Sie unter *Geräteverwaltung* den Menüpunkt *Unbekannte Herkunft – Installation von Apps aus anderen Quellen als dem Play Store zulassen*. Tippen Sie darauf, um diese Einstellung zu aktivieren.

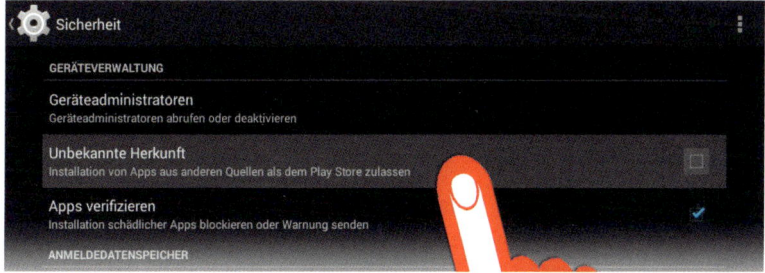

3 Bestätigen Sie danach die (berechtigte) Warnung bezüglich Apps aus unbekannten Quellen mit *OK*.

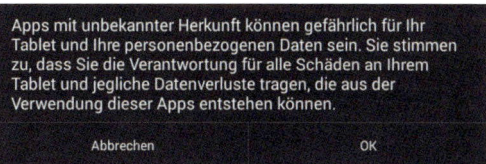

4 Anschließend wird diese Einstellung mit einem Häkchen versehen. Sie können das Menü dann einfach verlassen.

Sicherheitsrisiken auch bei Android

Genauso wie bei Windows und anderen Betriebssystemen besteht auch bei Android das Risiko, sich mit dem Herunterladen einer App zugleich Schadsoftware wie Viren oder Trojaner einzufangen. Im offiziellen Play Store sorgt Google für eine gewisse Kontrolle. Wenn Sie selbst direkt aus dem Web Apps herunterladen, sollten Sie vorsichtig sein und nur vertrauenswürdige Quellen oder einen der für Android verfügbaren Virenscanner nutzen wie z. B. die kostenlose App Mobile Security & Antivirus von ESET (siehe Seite 229).

Mit Vorsicht genießen: Apps aus dem Netz herunterladen

Android-Apps werden in Dateien mit der Endung *.apk* verbreitet. Um eine solche Datei zu installieren, können Sie sie z. B. per Webbrowser direkt auf das Tablet herunterladen. Oder Sie übertragen die Datei von einem PC auf das Tablet. Zum Installieren der App benutzen Sie einen Dateimanager, der Android standardmäßig nicht beiliegt. Stattdessen können Sie kostenlose Apps wie den deutschsprachigen ASTRO-Dateimanager aus dem Play Store nutzen.

1 Starten Sie den ASTRO-Dateimanager und navigieren Sie auf der SD-Karte zu dem Ordner, in dem die APK-Datei der App gespeichert ist.

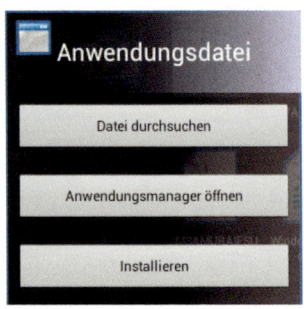

2 Tippen Sie die Datei an. Der Dateimanager erkennt, dass es sich um eine Anwendungsdatei handelt, und bietet an, diese zu installieren.

3 Tippen Sie auf die *Installieren*-Schaltfläche und bestätigen Sie wie im Play Store die Zugriffsrechte der App mit einem erneuten Tippen auf *Installieren* unten rechts.

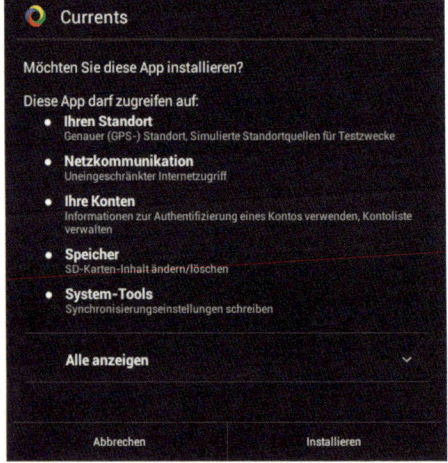

4 Damit starten Sie den normalen Installationsvorgang von Android, wie er auch im Play Store abläuft, nur dass das Herunterladen entfällt.

Store-Alternative – Android-Apps von Amazon beziehen

Der Play Store von Google gilt zwar nicht umsonst als der App Store für Android-Apps, aber es gibt durchaus ernst zu nehmende Alternative. So bietet etwa Amazon einen eigenen App Store namens App-Shop an. Nicht ganz so groß wie der Play Store, aber auch umfangreich und gut sortiert und mit attraktiven Sonderangeboten wie z. B. regelmäßigen Gratis-Ausgaben von sonst kostenpflichtigen Apps. Ein weiterer großer Vorteil: Während Sie im Play Store nach wie vor nur mit Kreditkarte bezahlen können, nutzt der Amazon-Dienst die gleiche Bezahlweise wie Ihre Amazon-Bestellungen, also beispielsweise den Bankeinzug.

Um den Amazon App-Shop nutzen zu können, müssen Sie einmalig eine entsprechende App herunterladen. Diese ist nicht im Play Store erhältlich, sondern muss aus dem Netz bezogen werde. Beachten Sie hierzu bitte auch die beiden vorangegangenen Tipps.

1 Öffnen Sie im Webbrowser Ihres Tablets die Adresse www.amazon.de/app-shop-web.

2 Damit starten Sie direkt den Download einer APK-Datei. Ist dieser vollständig, tippen Sie auf die hier markierte Meldung, um die Datei zu öffnen.

3 Bestätigen Sie dann das *Installieren* des App-Shop. Anschließend können Sie die neue App direkt öffnen.

4 Dabei melden Sie sich zunächst mit Ihrem Amazon-Konto an. Dieses vermerkt Ihre Downloads und Einkäufe, sodass Sie einmal erworbene Apps immer wieder nutzen können. Sollten Sie noch kein Amazon-Konto haben, können Sie auch ein *Konto erstellen*.

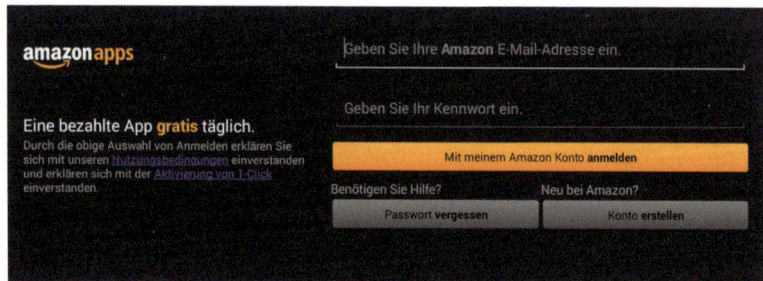

5 Anschließend können Sie den Amazon App-Shop nach Herzenslust durchstöbern. Ähnlich wie der Play Store ist er ebenfalls nach Kategorien aufgebaut. Direkt auf der Startseite finden Sie oben spezielle Angebote wie die Gratis-App des Tages. Ein Tipp auf das Symbol einer App ruft jeweils weitere Detailinformationen auf den Bildschirm.

6 Um eine App herunterzuladen, tippen Sie zunächst auf das Preisschild bzw. auf *Gratis*. Diese Schaltfläche verändert sich dann zu einem *Kaufen* bzw. *App beziehen*. Ein erneuter Tipp darauf startet das Herunterladen.

7 Anschließend brauchen Sie nur noch mit *Installieren* das Einrichten der App auf Ihrem Tablet zu genehmigen und können die App kurz darauf auch schon das erste Mal starten.

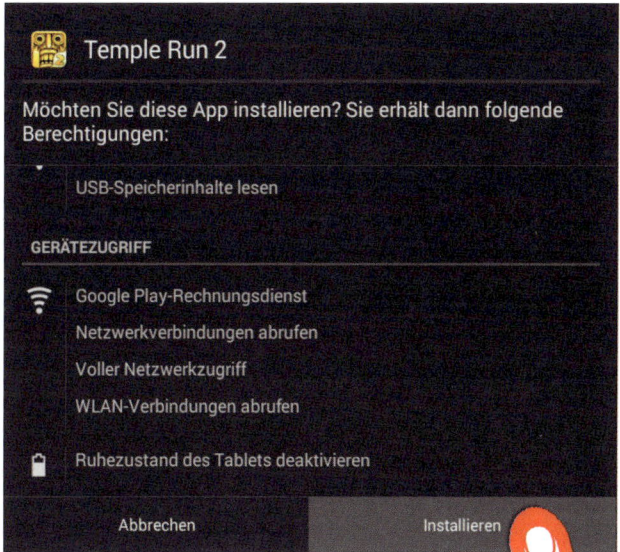

Hängende Programme: zickende Software gezielt beenden

Im Allgemeinen sorgt das Betriebssystem Android selbst für eine gewisse „Hygiene" bei den Apps. Hängende Programme sind dadurch eher selten, können aber durchaus vorkommen. Das Beenden ist dann nicht ganz einfach, weil ein klassisches „Schließen" einer App bei Android nicht vorgesehen ist. Man kehrt einfach z. B. zur Startseite zurück, und die Zombie-App bleibt im Hintergrund. Irgendwann wird sie automatisch aus dem Speicher entfernt, wenn dieser für andere Aufgaben benötigt wird. Sie können Anwendungen aber auch gezielt beenden.

1 Öffnen Sie dann in den *Einstellungen* die Rubrik *Apps*.

2 Hier finden Sie rechts in der Kategorie *Aktiv* eine Liste der derzeit aktiven Programme. Warten Sie gegebenenfalls etwas, bis diese Liste vollständig mit Informationen gefüllt ist.

3 Suchen Sie den Eintrag der problematischen App und tippen Sie diesen an.

4 In den Details zur Anwendung finden Sie die Schaltfläche *Beenden*, mit der Sie die App unmittelbar aus dem Speicher entfernen können.

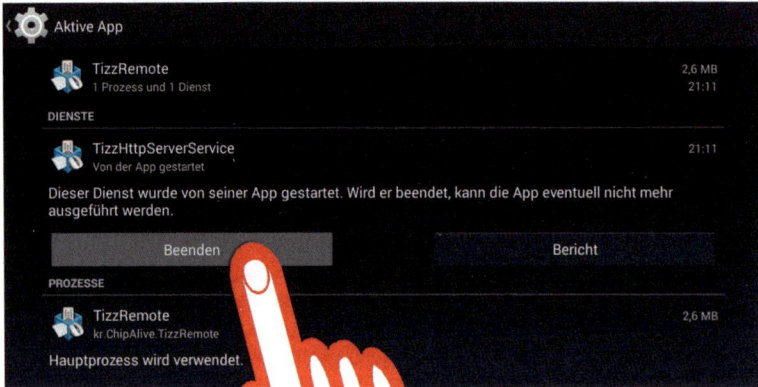

Task-Manager & Co.

Im Zusammenhang mit dem Beenden von Apps wird auch gerne auf Task-Manager verwiesen, die andere Apps beenden können und dadurch Speicher und Energie sparen sollen. Solche Empfehlungen sind mit Vorsicht zu genießen, denn im Prinzip benötigt Android solche Maßnahmen nicht. Es kümmert sich selbst um die laufenden Apps und beendet sie gegebenenfalls, wenn der Speicher anderweitig benötigt wird. Spezielle Task-Manager-Apps ermöglichen dem Anwender zwar mehr Komfort und Kontrolle über diese Vorgänge. Das kann aber auch nach hinten losgehen, und sie erhöhen durch ihre eigene Aktivität unterm Strich den Stromverbrauch.

Platz schaffen: Software restlos deinstallieren

Die Programme, mit denen Ihr Tablet ausgeliefert wurde, können Sie in der Regel nicht entfernen. Haben Sie Apps nachträglich selbst installiert, lassen sich diese aber auch wieder deinstallieren. Mit der folgenden Methode entfernen Sie Apps einschließlich aller Daten:

1 Öffnen Sie in den *Einstellungen* links im Bereich *Gerät* die Rubrik *Apps*. Sie finden dann rechts eine Liste der derzeit installierten Programme. Warten Sie gegebenenfalls etwas, bis diese Liste vollständig mit Informationen gefüllt ist.

2 Suchen Sie den Eintrag der zu entfernenden App und tippen Sie diesen an. In den Details zur Anwendung sollten Sie zunächst die Schaltfläche *Beenden erzwingen* **1** antippen, falls die App noch im Speicher geladen ist.

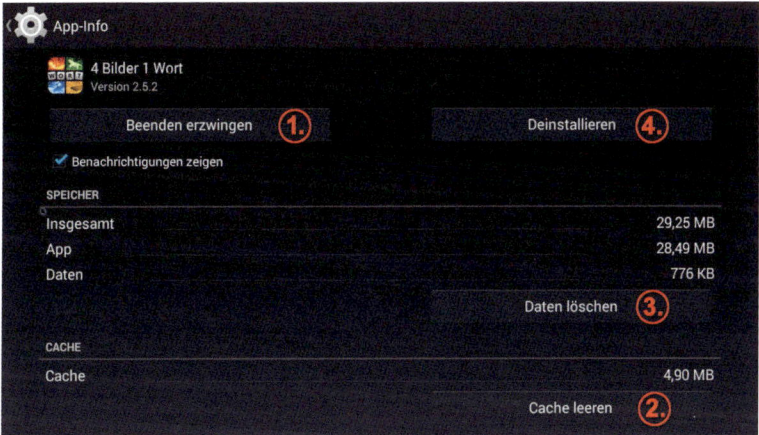

3 Tippen Sie dann nacheinander auf die Schaltfläche *Cache leeren* **2**, *Daten löschen* **3** und schließlich *Deinstallieren* **4**.

4 Bestätigen Sie Sicherheitsrückfragen gegebenenfalls mit *OK*. Sie erhalten eine Meldung, wenn die Deinstallation abgeschlossen ist.

Schneller Überblick: die besten App-Tipps für Ihr Tablet

Automatische Updates ohne lästige Hinweise

Vielleicht haben Sie es auch schon bemerkt: Mit der Anzahl der installierten Apps nehmen auch die Hinweise auf Updates ebendieser Apps zu. Nun funktioniert ein Update nicht viel anders als das ursprüngliche Installieren, aber auf Dauer kann es schon nerven. Wenn das Ganze lieber stillschweigend im Hintergrund erfolgen soll, erreichen Sie das so:

1 Öffnen Sie den Play Store und tippen Sie oben links auf das gleichnamige Menüsymbol.

2 Öffnen Sie mit einem Tipp auf *Einstellungen* die Optionen für die Play-Store-App.

3 Tippen Sie dort oben auf den Punkt *Benachrichtigungen*, sodass das Häkchen dort entfernt wird.

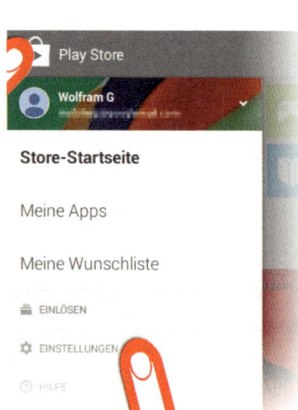

4 Tippen Sie dann auf *Automatische App-Updates* und wählen Sie dort *Apps jederzeit automatisch aktualisieren*. Sollte Ihr Tablet über eine Mobilfunkverbindung verfügen, beachten Sie den Hinweis auf Seite 78.

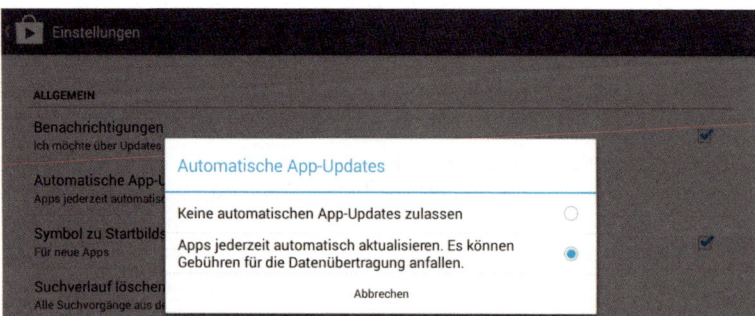

In Zukunft werden Updates für Ihre App automatisch heruntergeladen und eingespielt. Ausnahmen sind Updates, durch die sich die Zugriffsrechte der App erweitern würden. Aus Sicherheitsgründen ist hierzu jeweils wieder das ausdrückliche Einverständnis des Anwenders erforderlich – etwas mühsam, aber absolut sinnvoll.

Apps und Adressen per Barcodescanner erfassen

Vielleicht sind Ihnen schon mal die kleinen, viereckigen Klötzchengrafiken aufgefallen. Man findet sie in Zeitschriften, auf Werbeplakaten sowie Flyern und immer häufiger auch im Internet auf Webseiten. Dabei handelt es sich um Barcodes, in denen eine Internetadresse verschlüsselt ist. Gerne handelt es sich dabei auch um Links  direkt zu bestimmten Apps im Play Store. Der Vorteil dieser Methode: Anstatt mühsam Links abtippen zu müssen, erfassen Sie den Barcode mit der Kamera Ihres Tablets und können die entsprechende Webseite dann direkt öffnen. Dazu benötigen Sie lediglich eine App zum Lesen von Barcodes wie z. B. den kostenlosen NeoReader.

1 Wenn Sie einen Barcode erspäht haben, starten Sie die Barcode-App auf Ihrem Tablet.

2 Diese aktiviert automatisch die Kamerafunktion des Gerätes. Richten Sie die Kamera so aus, dass der Barcode gut und mittig im Display des Tablets zu sehen ist. Eventuell müssen Sie etwas näher heran oder weiter weg. Wichtig ist: Sie brauchen die Kamera dabei nicht auszulösen.

3 Die App versucht laufend, im aktuellen Vorschaubild der Kamera einen Barcode zu erkennen. Gelingt dies, signalisiert sie den Erfolg und zeigt Ihnen am Bildschirm die entschlüsselte Nachricht an.

4 Handelt es sich dabei um einen Weblink, können Sie diesen mit *Weiter* direkt im Browser öffnen.

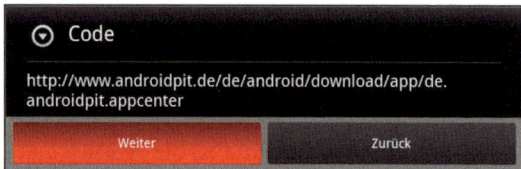

Software-Updates nur per WLAN

Wenn Ihr Tablet Datenverbindungen per Mobilfunk herstellen kann, kennen Sie vielleicht das Problem, dass es auch unterwegs ständig App-Updates sucht und diese herunterladen will, obwohl das langsamer und mit Gebühren verbunden ist. Mit folgender Einstellung sorgen Sie dafür, dass solche Updates nur erfolgen, wenn das Tablet in ein WLAN eingeklinkt ist:

1 Öffnen Sie den Play Store, tippen Sie oben rechts auf das Menüsymbol und wählen Sie den Menüpunkt *Einstellungen*.

2 Tippen Sie dort auf den Eintrag *Automatische App-Updates*. Bei Geräten mit Mobilfunkverbindung finden Sie hier zusätzlich die Option *Automatische App-Updates nur über WLAN zulassen*. Er behält das automatische Aktualisieren Ihrer Apps bei, verwendet dafür aber nur kostengünstige WLAN-Verbindungen.

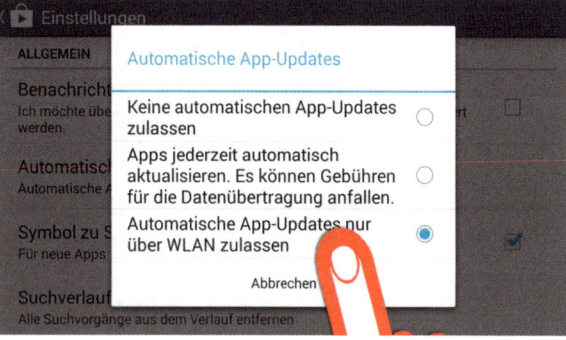

Die Zahlungsweise im Play Store nachträglich ändern

Beim ersten Kauf einer App oder von Inhalten im Play Store richten Sie eine Zahlungsweise ein, beispielsweise per Kreditkarte, PayPal oder Telefonrechnung. Allerdings lässt sich dieses in den Einstellungen des Play Store anschließend nicht mehr ändern. Wollen Sie etwa Ihre Kreditkartendaten aktualisieren oder zur Zahlung per PayPal wechseln, geht das so:

1 Wählen Sie eine beliebige kostenpflichtige App im Play Store aus (am schnellsten in der Rubrik *Bestseller* zu finden) und tun Sie so, als ob Sie diese App kaufen wollten.

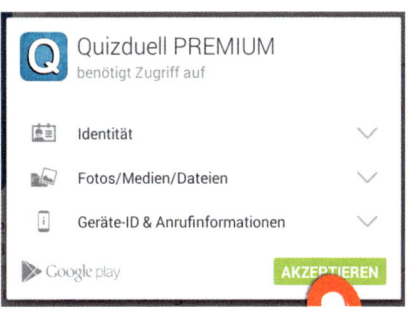

2 Tippen Sie also auf den Preis und bestätigen Sie die Zugriffsrechte der App mit *Akzeptieren*.

3 Tippen Sie dann **nicht** auf *Kaufen*, sondern im Dialog oben auf den Preis.

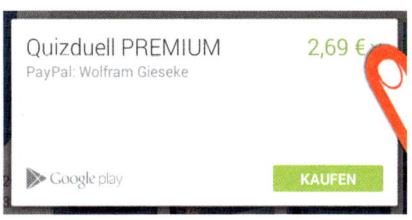

4 Nun werden zusätzliche Menüpunkte angezeigt, bei denen Sie auf *Zahlungsoptionen* tippen.

5 Hier können Sie nun weitere Zahlungsmöglichkeiten hinzufügen, etwa auch eine neue Kreditkarte. Wenn Sie mehrere Zahlungsmöglichkeiten eingerichtet haben, wechseln Sie durch einfaches Antippen zur gewünschten.

4. Perfektes Surfbrett – mit dem Tablet durchs Netz browsen

Das entspannte Surfen auf dem Sofa, im Bett oder eben auch jederzeit und überall unterwegs macht ein Tablet für viele Nutzer so attraktiv und nützlich. Android trägt dem Rechnung und liefert einen Webbrowser mit, den Sie angenehm per Finger bedienen können und der trotzdem wichtige Komfortmerkmale wie Lesezeichen, Chronik und Tabs nicht vermissen lässt. Aus dem Play Store (siehe Kapitel 3) können Sie aber auch alternative Webbrowser wie etwa die Mobilversion von Firefox installieren und so denselben Browser am PC und auf dem Tablet nutzen und sogar deren Daten miteinander synchronisieren.

- Wie lässt sich der Webbrowser am Tablet einfach und komfortabel steuern? ▸▸ Seite 81

- Wie kann ich regelmäßig besuchte Webseiten als Lesezeichen speichern? ▸▸ Seite 83

- Kann ich auch auf meinem Tablet mit mehreren Tabs parallel surfen? ▸▸ Seite 85

- Wo finde ich kürzlich besuchte Webseiten am schnellsten wieder? ▸▸ Seite 86

- Lassen sich Webseiten auch zum entspannten Lesen ohne laufende Internetverbindung auf dem Tablet speichern? ▸▸ Seite 91

- Gibt es wie am PC alternative Webbrowser? ▸▸ Seite 87

- Kann ich auch bei meinem Tablet den Webbrowser mit Add-ons um zusätzliche Funktionen erweitern? ▸▸ Seite 90

- Wie kann ich meine Lieblingswebseiten direkt von einer Startseite aus abrufen?▸▸ Seite 92

Den Standardbrowser mit Touch-Gesten schnell und einfach steuern

Der Standardwebbrowser von Android ist eine eigenständige App, die Sie jederzeit einfach starten können. Standardmäßig öffnet er die Google-Suche als Startseite und zeigt die üblichen Bedienelemente wie eine Symbolleiste mit Adressfeld. Die Bedienung entspricht also durchaus dem vom PC Gewohnten, nur dass Sie dafür eben Ihre Finger verwenden statt Maus und Tastatur.

Browser

1 Um eine Webadresse zu öffnen, tippen Sie einfach in das Adressfeld in der Symbolleiste.

2 Dadurch wird die dort aktuell eingestellte Adresse markiert und die virtuelle Tastatur eingeblendet.

3 Sie können nun also direkt drauflostippen und die neue Webadresse eingeben.

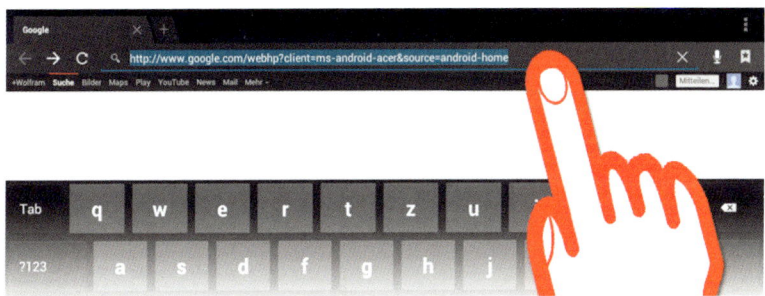

4 Schließen Sie die Eingabe mit Antippen der virtuellen ⏎-Taste ab. Der Browser zeigt die angeforderte Webseite daraufhin an.

Surfen mit Fingerspitzengefühl

Das Websurfen auf einem Tablet per Touch-Bedienung ist viel angenehmer und intuitiver als mit Maus und Tastatur, wenn man sich erst einmal daran gewöhnt hat. Die Basisfunktionen sind dabei ganz naheliegend und dem Android-Standard entsprechend:

- Um nach unten zu scrollen, setzen Sie eine Fingerspitze auf und ziehen diese dann nach oben. Zum Scrollen nach oben ziehen Sie den Finger nach unten. Quasi als ob Sie Ihren Finger auf ein Blatt Papier setzen und dieses in die gewünschte Richtung ziehen.

- Sollte etwas mal nicht gut lesbar sein, benutzen Sie die Zoomgeste: Setzen Sie zwei Fingerspitzen (z. B. Daumen und Zeigefinger) gleichzeitig eng beieinander auf den Bildschirm. Ziehen Sie die beiden Finger dann auseinander. Mit Ihrer Bewegung „vergrößert" sich der dargestellte Inhalt.

- Umgekehrt geht es selbstverständlich auch. Wenn Sie beide Fingerspitzen voneinander entfernt aufsetzen und dann zusammenziehen, wird der Webseiteninhalt verkleinert.

- Sollten Sie eine Webseite zur besseren Lesbarkeit so weit vergrößern müssen, dass Text über die angezeigte Breite hinausgeht, können Sie die Seite auch nach links und rechts verschieben. Analog zum Hoch-

und Runterscrollen geht das einfach durch Aufsetzen der Fingerspitze und Ziehen des Bildschirminhalts nach links bzw. rechts.

Webseite sofort auf die optimale Breite bringen

Dieser Tipp ist sozusagen ein Doppeltipp. Wenn Sie nämlich auf eine freie Stelle einer Webseite zweimal hintereinander tippen (eben ein Doppeltipp), dann passt der Webbrowser den Zoom so an, dass der Text der Webseite den Bildschirm komplett von links nach rechts füllt. Der Text wird also so dargestellt, dass Sie ihn mit maximaler Größe ohne lästiges horizontales Scrollen lesen können. Ein erneuter Doppeltipp zeigt wieder die komplette Webseite an.

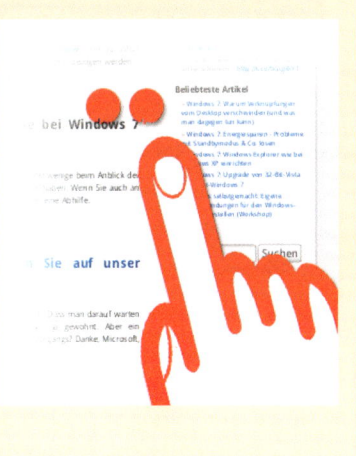

Häufig besuchte Adressen als Lesezeichen unkompliziert öffnen

Selbstverständlich kennt auch der Android-Webbrowser Lesezeichen, mit denen Sie gerne besuchte Webseiten vermerken und jederzeit schnell und bequem abrufen können.

1 Um eine Webseite als Lesezeichen zu speichern, öffnen Sie sie zunächst im Webbrowser. Achten Sie darauf, dass der obere Rand der Seite angezeigt wird, da nur dann die Symbolleiste mit dem Adressfeld zu sehen ist.

2 Tippen Sie nun ganz rechts in der Symbolleiste auf das Lesezeichensymbol.

3 Der Webbrowser zeigt dann den Lesezeichendialog an, der bereits ausgefüllt ist. Sie können die Daten übernehmen oder nach Bedarf verändern und das Lesezeichen dann mit *OK* anlegen.

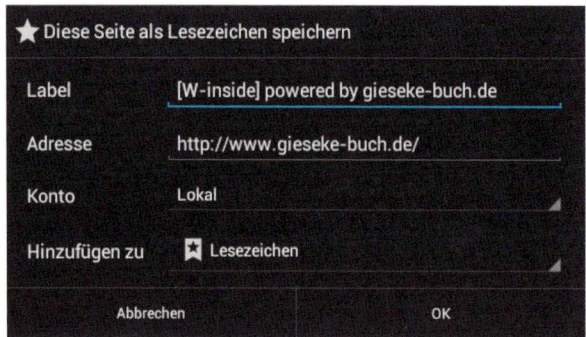

Lesezeichen abrufen

Die gespeicherten Lesezeichen können Sie jederzeit abrufen, indem Sie in der Symbolleiste des Browsers das Symbol ganz rechts antippen. Damit öffnen Sie eine visuelle Übersicht der gespeicherten Lesezeichen und können die gewünschte Webseite einfach per Antippen öffnen.

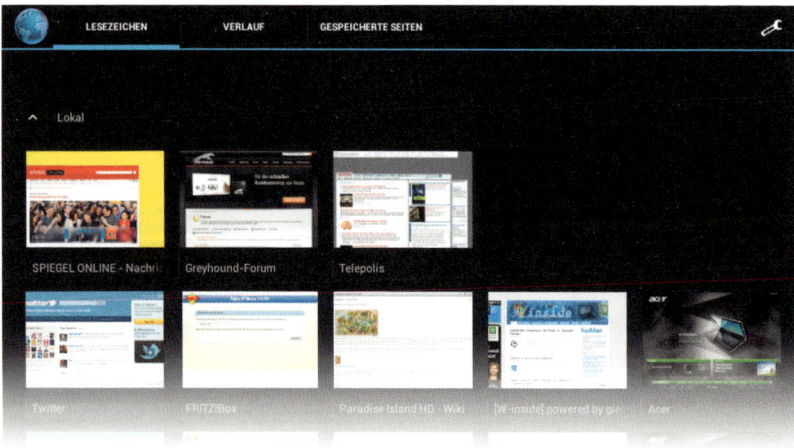

Paralleles Surfen – Tabs komfortabel per Fingertipp bedienen

Wie die Bedienoberfläche des Webbrowsers nahelegt, beherrscht er auch das parallele Surfen auf mehreren Webseiten gleichzeitig.

1 Um eine weitere Webseite in einem zusätzlichen Tab zu öffnen, tippen Sie ganz oben in der Tableiste auf das Plussymbol.

2 Der Browser fügt dann einen weiteren Tab ein und öffnet darin wiederum die Startseite, also standardmäßig die Google-Suchseite. Nun können Sie in diesem Tab wie gewohnt Webseiten öffnen, lesen etc.

3 Um zwischen den einzelnen Tabs zu wechseln, tippen Sie einfach auf den Reiter der gewünschten Webseite ganz oben am Bildschirmrand.

4 Um einen Tab zu schließen, müssen Sie etwas genauer zielen und das kleine *x*-Symbol im Reiter dieser Webseite treffen. Der Browser

schließt dann diese Webseite und wechselt zu dem Tab zurück, der vorher als Letztes angezeigt wurde. Wenn Sie den letzten geöffneten Tab schließen, beenden Sie damit automatisch den Webbrowser.

Weblinks in einem neuen Tab öffnen

Wenn Sie einen Link auf einer Webseite antippen, wird er im selben Tab geöffnet und ersetzt die bislang angezeigte Webseite. Wollen Sie die neue Seite stattdessen in einem neuen, zusätzlichen Reiter öffnen, tippen Sie so lange auf den Link, bis das Kontextmenü angezeigt wird. Tippen Sie dort auf den Befehl *In neuem Tab öffnen*.

Chronik – bekannte Webseiten aus dem Verlauf abrufen

Auch der Android-Browser merkt sich, welche Seiten Sie besucht haben, und kann sie Ihnen in einem Verlauf anzeigen. So lassen sich Webseiten schnell wiederfinden, auf die Sie z. B. gestern oder letzte Woche zufällig gestoßen waren.

1 Tippen Sie auch hierzu auf das Symbol für das Lesezeichenmenü ganz rechts.

2 Wenn die Übersicht Ihrer Lesezeichen angezeigt wird, wechseln Sie oben in die Rubrik *Verlauf*.

3 Der Browser zeigt Ihnen dann die Titel der in jüngerer Vergangenheit besuchten Webseiten an. Standardmäßig sehen Sie dazu die Seiten ab heute in umgekehrter chronologischer Reihenfolge. Die zuletzt besuchte Webseite steht also ganz oben und kann so schnell wieder aufgerufen werden.

4 Möchten Sie weiter zurück in die Vergangenheit, wählen Sie links die passende Kategorie aus, also *Gestern*, *Letzte 7 Tage* oder *Letzter Monat*. Hilfreich kann auch eine Auflistung der insgesamt meistbesuchten Webseiten sein.

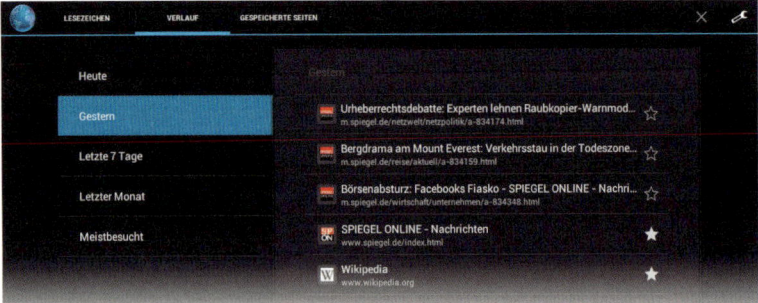

Surfen (fast) wie am PC – Firefox für Android als alternativer Mobilbrowser

Der Webbrowser Firefox kann nicht nur auf dem PC eingesetzt werden. Es gibt auch eine Version für den mobilen Einsatz auf Android-Geräten. Diese ist auf Touch-Bedienung ausgelegt und sieht dementsprechend nicht nur etwas anders aus, sondern wird auch unterschiedlich bedient. Trotzdem finden Sie in der mobilen Version viele Merkmale und Funktionen der Desktopvariante wieder. Außerdem können Sie auch den mobilen Firefox, wie in Kapitel 6 beschrieben, mit seinem „großen Bruder" auf dem PC synchronisieren, sodass Sie Lesezeichen, Chronik und Kennwörter auf allen Geräten immer gleich vorfinden.

1 Starten Sie den Play Store und suchen Sie hier nach *Firefox*.

2 In der Regel werden Sie zwei Versionen finden, Firefox und Firefox Beta. Die Betaversion ist aktueller und bietet teilweise neue Funktionen. Dafür kann sie etwas instabiler sein. Vor allem aber ist sie meist nur in englischer Sprache erhältlich. Deshalb empfiehlt sich die Wahl der klassischen Firefox-Version, die Sie wie jede beliebige App installieren (siehe Kapitel 3).

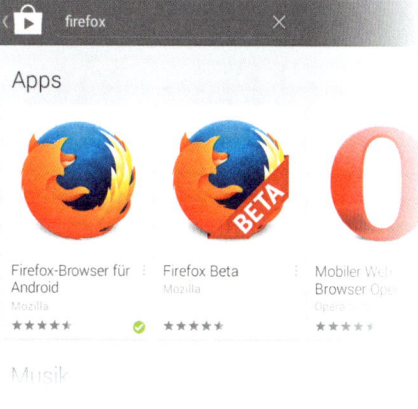

3 Beim Start präsentiert sich Firefox standardmäßig mit einer schlichten Startseite. Hier können Sie die zuletzt genutzten Tabs der letzten Surfsitzung schnell wieder öffnen.

4 Alternativ geben Sie oben in der Suchleiste einen Suchbegriff oder eine Webadresse ein, die Sie besuchen möchten.

5 Oder Sie rufen ein Lesezeichen ab, das Sie zuvor auf dem Gerät gespeichert oder vom PC-Firefox synchronisiert haben.

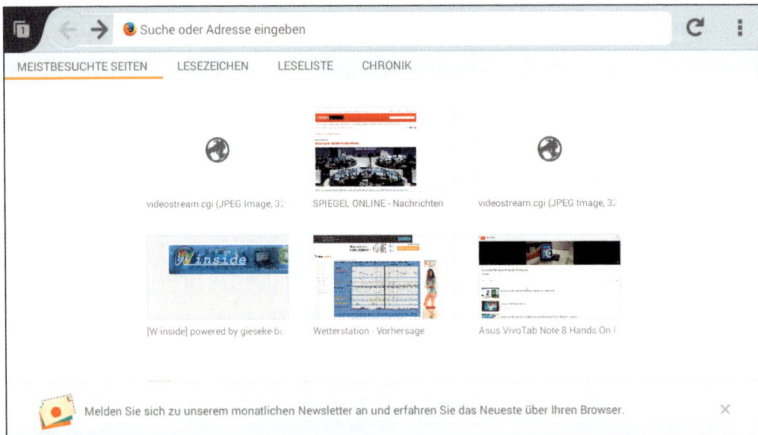

Lieblingsadressen als Lesezeichen schnell und einfach öffnen

Selbstverständlich kennt auch der mobile Firefox Lesezeichen. Zum einen bietet die Sync-Funktion (siehe Seite 168) die Möglichkeit, die gespeicherten Adressen von Ihrem Desktop-Firefox auf das Mobilgerät zu übernehmen. Zum anderen können Sie auch einfach auf Ihrem Tablet Webadressen als Lesezeichen speichern.

1 Wenn Sie eine Webseite gefunden haben, die Sie als Lesezeichen speichern möchten, tippen Sie oben rechts auf das Menüsymbol und dann im Menü oben links auf das sternförmige Lesezeichensymbol.

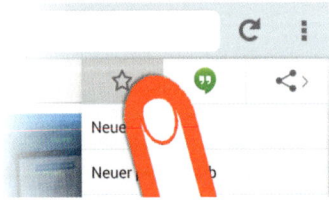

2 Firefox setzt dann automatisch ein Lesezeichen. Tippen Sie anschließend aber zusätzlich auf das Adressfeld und wechseln Sie dann in die

Kategorie *Lesezeichen*, können Sie den Eintrag dort noch bearbeiten, um z. B. die Bezeichnung dieses Favoriten frei wählen zu können.

3 Im anschließenden Dialog können Sie ganz oben den Namen des Lesezeichens verändern.

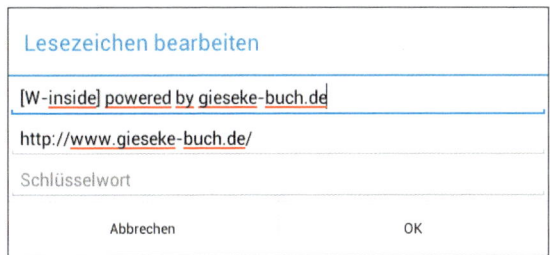

4 Außerdem können Sie wie von Firefox gewohnt auch Schlüsselwörter eintragen, um alle Lesezeichen zu einem bestimmten Thema schnell wiederfinden zu können.

5 Schließlich tippen Sie einfach unten auf *OK*, um das Lesezeichen mit den gewählten Daten zu übernehmen.

Um gespeicherte Lesezeichen im mobilen Firefox abzurufen, tippen Sie auf das Adressfeld. Daraufhin wird dieses aktiviert, zugleich aber darunter ein Auswahlmenü angezeigt. Tippen Sie hier auf die Rubrik *Lesezeichen*, um eine Liste der gespeicherten Favoriten anzuzeigen.

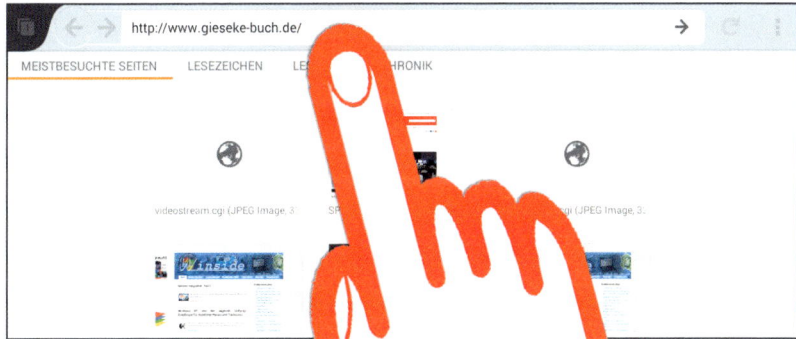

Lesezeichen auf Startseiten ablegen

Besonders häufig genutzte Lesezeichen können Sie auch direkt auf einer der Startseiten Ihres Tablets ablegen. Öffnen Sie dazu das Lesezeichen in Firefox, tippen Sie dann auf das Lesezeichensymbol und wählen Sie *Zu Startbildschirm hinzufügen*. Firefox erstellt dann ein Symbol für diese Webseite auf der Startseite. Ziehen Sie dieses an eine Ihnen genehme Position. Wenn Sie in Zukunft darauf tippen, wird Firefox gestartet und öffnet diese Webseite für Sie.

Add-ons – Erweiterungen für den mobilen Webbrowser installieren

Einer der großen Vorteile von Firefox – die enorme Erweiterbarkeit und Flexibilität durch Add-ons – lässt sich auch auf den mobilen Firefox übertragen. Auch der bietet Add-ons aus verschiedenen Bereichen. Zwar ist die Auswahl nicht so groß wie bei der Desktopversion, aber der Bedarf ist auf einem Tablet ja auch ein etwas anderer. So gibt es beispielsweise Add-ons, die die Lesbarkeit von Webseiten auf kleinen Displays verbessern oder speziell die Bedienung per Touch vereinfachen. Und es gibt z. B. eine mobile Version von Adblock Plus, mit der Sie nervige Werbebanner und -animationen herausfiltern können, die gerade bei mobilen Datenverbindungen unnütz Zeit und Geld kosten.

1   Um Add-ons im mobilen Firefox zu installieren, öffnen Sie mit dem Menüsymbol ganz rechts oben das Hauptmenü und tippen dort auf *Extras* sowie im Untermenü auf *Add-ons*.

2   Sie finden dann unter *Ihre Add-ons* eine Übersicht der bereits installierten Add-ons. Einige sind schon standardmäßig dabei, um verschiedene Suchdienste in Firefox zu integrieren.

3   Um weitere Add-ons zu installieren, tippen Sie oben rechts auf das grüne Puzzleteilsymbol. Damit rufen Sie das Add-on-Verzeichnis für den mobilen Firefox im Web ab.

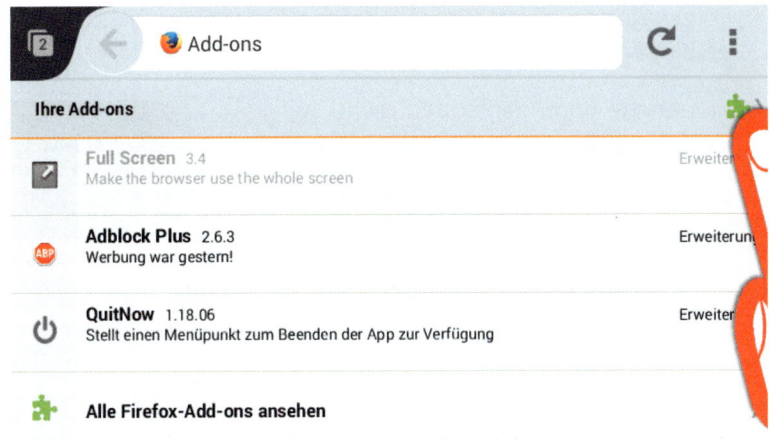

4 Durch einfaches Antippen eines Eintrags zeigen Sie zusätzliche Informationen an und blenden auch die Schaltfläche *Zu Firefox hinzufügen* ein, mit der Sie dieses Add-on herunterladen und installieren können.

Die besten Surftipps für Android-Tablets

Spannende Webseiten zum entspannten Offlinelesen speichern

Webseiten können logischerweise nur abgerufen werden, wenn Sie mit dem Internet verbunden sind. Verfügt Ihr Tablet aber ausschließlich über eine WLAN-Verbindung, lässt diese sich unterwegs oder z. B. auf Reisen meist gerade dann nicht nutzen, wenn man Zeit für ein wenig Lektüre hat. Für solche Fälle können Sie umfangreichere Webseiten zum entspannten Offlinelesen ohne aktive Internetverbindung auf Ihrem Gerät speichern.

1 Öffnen Sie dazu die fragliche Webseite mit einer bestehenden Online-verbindung im Webbrowser.

2 Tippen Sie dann ganz oben rechts auf das Menüsymbol.

3 Wählen Sie im Menü die Funktion *Für Offline-Lesen speichern*.

4 Der Browser erstellt dann eine lokale Kopie der Webseite und wech-selt zur Übersicht der gespeicherten Seiten. Hierbei handelt es sich um eine weitere Kategorie der Lesezeichenübersicht, bei der Sie alle gespeicherten Seiten auch später jederzeit abrufen können.

5 Um eine gespeicherte Seite nach dem Lesen wieder zu entfernen, tip-pen Sie lange auf ihr Symbol in der Übersicht. Dann finden Sie im Kon-textmenü die Funktion *Gespeicherte Seite löschen*.

Die beliebtesten Webseiten als Widget auf der Startseite

Android bringt ein praktisches Widget mit, mit dem Sie sich Ihre Lesezei-chen direkt auf eine Startseite legen und so jeweils mit einem Antippen öffnen können. Öffnen Sie dazu die Übersicht der Widgets und suchen Sie dort das Lesezeichen-Widget.

Es handelt sich hierbei zunächst um ein nur 3 x 3 Felder großes Widget. Sie können es aber in der Größe anpassen, wenn es bereits auf der Startseite angezeigt wird. Tippen Sie dazu lange auf das Widget, als ob Sie es verschieben wollten, lassen Sie es dann jedoch ohne Verschieben wieder los. Nun werden am Rahmen des Widgets vier Punkte angezeigt. Daran können Sie das

Widget „anfassen" und in der jeweiligen Richtung in die Länge ziehen, bis es die gewünschte Größe hat bzw. alle Lesezeichen angezeigt werden. Prinzipiell kann dieses Widget eine gesamte Startseite einnehmen.

Die Lesezeichen scrollen

Sollte der Platz trotzdem nicht ausreichen, alle Ihre Lesezeichen anzuzeigen, hilft ein einfacher Tipp: Der Inhalt des Widgets lässt sich scrollen. Wischen Sie einfach mit dem Finger über dem Widget nach oben, um weitere Lesezeichen anzuzeigen.

5. Finden statt suchen – mit dem Tablet alle Informationen schnell zur Hand

Mit einem Tablet haben Sie praktisch alle Informationen buchstäblich unter Ihren Fingerspitzen und somit jederzeit verfügbar. Mit den richtigen Tricks und intelligenten Apps brauchen Sie sie nur noch abzurufen. Da Android maßgeblich von Google entwickelt wird, sind einige von dessen Diensten direkt integriert bzw. werden standardmäßig mitgeliefert. So können Sie ohne große Vorbereitungen sofort loslegen. Sollten Sie andere Suchanbieter bevorzugen, lassen diese sich aber ebenso gut über den Browser oder gegebenenfalls über eigene Apps verwenden.

- Wie kann ich auf meinem Tablet am einfachsten und schnellsten eine Google-Suche durchführen? ▹▹ Seite 95

- Wie finde ich Musiktitel, Bilder oder Apps auf meinem Tablet schnell wieder? ▹▹ Seite 96

- Kann ich beeinflussen, welche Art von Daten die lokale Suche anzeigt? ▹▹ Seite 103

- Kann ich die Sprachsteuerung auch zum Suchen nach Webseiten und Dateien nutzen? ▹▹ Seite 97

- Wie lasse ich mir bestimmte Orte oder Adressen auf einer virtuellen Karte anzeigen? ▹▹ Seite 99

- Kann ich mein Tablet auch als Navigationsgerät nutzen? ▹▹ Seite 101

- Wie finde ich Geschäfte, Sehenswürdigkeiten oder Events in meiner Nähe? ▹▹ Seite 104

Mit der Google-Suche global fündig werden

Die Google-Suche ist auf allen Android-Geräten allgegenwärtig. Schließlich ist der Suchmaschinenkonzern auch die treibende Kraft hinter der Entwicklung von Android. Das ist nicht uneigennützig, und folgerichtig finden Sie auf den Startseiten Ihres Tablets – je nach Ausrichtung – oben direkt ein Google-Suchfeld oder am linken Rand zumindest ein Google-Symbol, mit dem Sie ein solches Feld jederzeit einblenden können.

1 Tippen Sie auf das Google-Feld bzw. auf das Google-Symbol.

2 Sie gelangen dann in ein Eingabefeld und gleichzeitig wird die virtuelle Tastatur angezeigt.

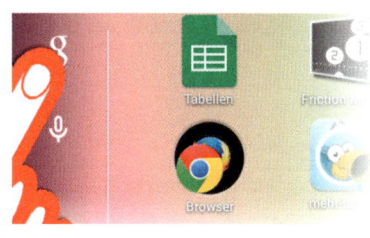

3 Geben Sie den gesuchten Begriff ein. Noch während Sie tippen, wird Google Ihnen sinnvolle Vervollständigungen vorschlagen, sodass Sie oft nur einen Teil des Suchbegriffs einzugeben brauchen.

4 Wird Ihr Suchbegriff in der Auswahlliste angezeigt, können Sie einfach darauf tippen, um eine Suche danach zu starten. Andernfalls geben Sie das Wort oder die Wörter vollständig ein und tippen dann auf die virtuelle Such- bzw. Eingabetaste.

5 Daraufhin sehen Sie die Suchergebnisse direkt auf dem Tablet-Bildschirm. Von hier aus können Sie einfach Links anklicken und so weiter recherchieren.

Lokale Suche – Apps, Musiktitel, Kontakte auf dem Tablet finden

Sie können mit dem Google-Suchfeld nicht nur im Internet recherchieren, es dient auch als lokale Suche auf Ihrem Tablet. Musikstücke, Bilder, Videos oder auch Apps können Sie auf diese Weise ganz ohne Dateimanager schnell lokalisieren.

1 Verwenden Sie auch hierzu das Google-Eingabefeld.

2 Tippen Sie in dem dann angezeigten Suchfeld z. B. den Titel eines Musikstücks oder zumindest einen eindeutigen Teil davon ein. Ebenso können Sie aber auch den Namen eines Künstlers als Suchbegriff verwenden.

3 Als Reaktion erhalten Sie wie zuvor direkt darunter eine Liste passender Suchbegriffe für die Internetrecherche. Interessanter ist allerdings der untere Bereich des Bildschirms: Hier sehen Sie – eventuell mit einer gewissen Verzögerung – Suchergebnisse aus dem Dateisystem Ihres Tablets, die den eingetippten Suchbegriff enthalten.

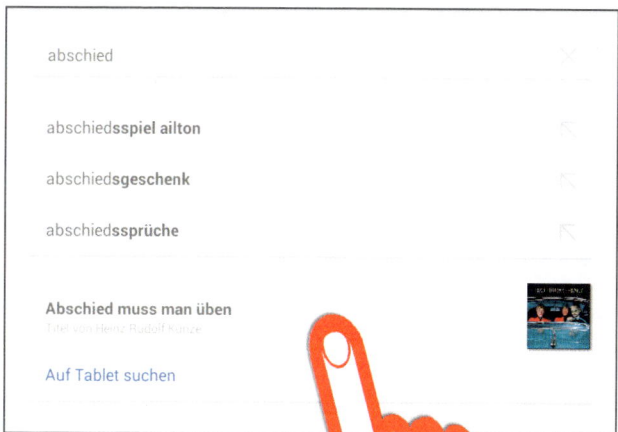

4 Haben Sie auf diese Weise beispielsweise ein Musikstück gefunden, brauchen Sie nur auf den Eintrag zu tippen, um es von der dafür zuständigen App abspielen zu lassen.

Google-Sprachsuche – einfach sprechen statt umständlich zu tippen

In Kapitel 1 wurde schon kurz die Sprachsteuerung von Android vorgestellt, mit der Sie viele einfache Anweisungen direkt ins Mikrofon sprechen können. Diese können Sie auch zum bequemen Recherchieren nutzen. Wenn Sie bestimmte Informationen benötigen, sprechen Sie also genau das ins Mikrofon, was Sie sonst mühsam eintippen würden. Sie möchten z. B. wissen, wann Johann Wolfgang von Goethe geboren ist?

1 Tippen Sie oben rechts auf das Mikrofonsymbol neben dem Google-Schriftzug.

2 Warten Sie kurz, bis der *Spre-chen*-Dialog angezeigt wird, und sprechen Sie nun Ihren Text in das Mikrofon, z. B. „Wann wurde Goethe gebo-ren?" oder auch kurz „Goethe Geburt".

3 Die Spracherkennung übermittelt die Aufnahme an Google, und mit einer minimalen Wartezeit (abhängig von der Geschwindigkeit der Internetverbindung) erhalten Sie im Webbrowser Ihres Tablets die Antwort.

Besteht Klarheit über die gesuchte Information, werden die Daten über die Google-Suchmaschinen beschafft und oft mit erstaunlicher Präzision auf dem Bildschirm angezeigt.

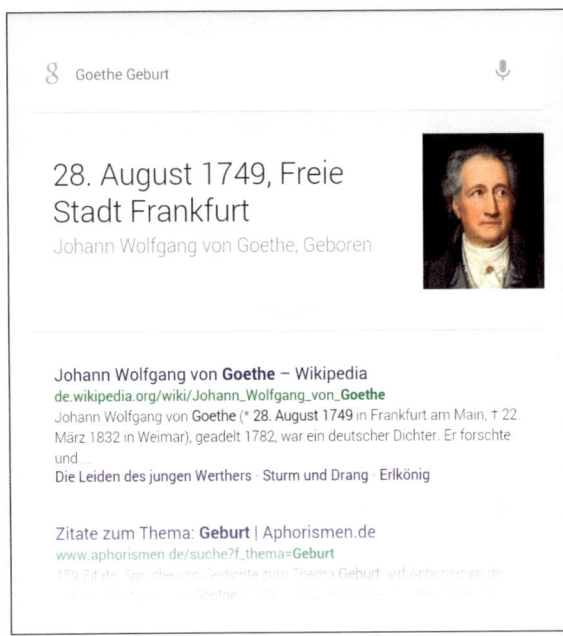

Die Mischung aus akku-rater Spracherkennung und Google-Datenbank führt oft direkt zum ge-wünschten Ergebnis.

Google Maps – lokale Anbieter und Ziele in der Umgebung finden

Ihr Tablet kann Ihnen als mobiler Reise-
begleiter standortbezogene Informationen zu Sehenswürdigkeiten, Lokalitäten
oder auch ganz einfach zum regionalen
Wetter liefern.

Bei vielen ortsbezogenen Diensten wie
etwa Wetter-App oder -Widgets klappt
das sogar ganz ohne Ihr Zutun. Sofern Programme Ihren Standort ermitteln dürfen
(siehe Seite 206), liefern sie automatisch
die passenden Daten. Wetter-Apps etwa
suchen dann gleich die zu Ihrem Standort nächstgelegene Stadt aus der Daten-
bank und zeigen deren Wetterdaten an.

Standortbezogenes Suchen im Browser

Auch der Webbrowser Ihres Smartphones kann Standortinformationen
berücksichtigen. Sie wollen z. B. wissen, wo sich die nächste Apotheke
befindet?

1 Geben Sie im Google-Suchfeld Ihren Suchbegriff ein, also z. B. *nächste
Apotheke.*

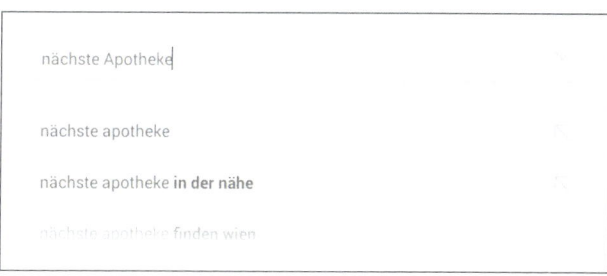

2 Google erkennt automatisch, wenn es sich um eine Suche handelt, zu der es standortbezogene Ergebnisse in der Nähe gibt. Dann erhalten Sie neben den besten Treffern eine Karte der Umgebung mit den Standorten, zu denen entsprechende Daten vorliegen. Außerdem bekommen Sie passend zu den Symbolen in der Karte eine Liste mit den gefundenen Standorten angezeigt.

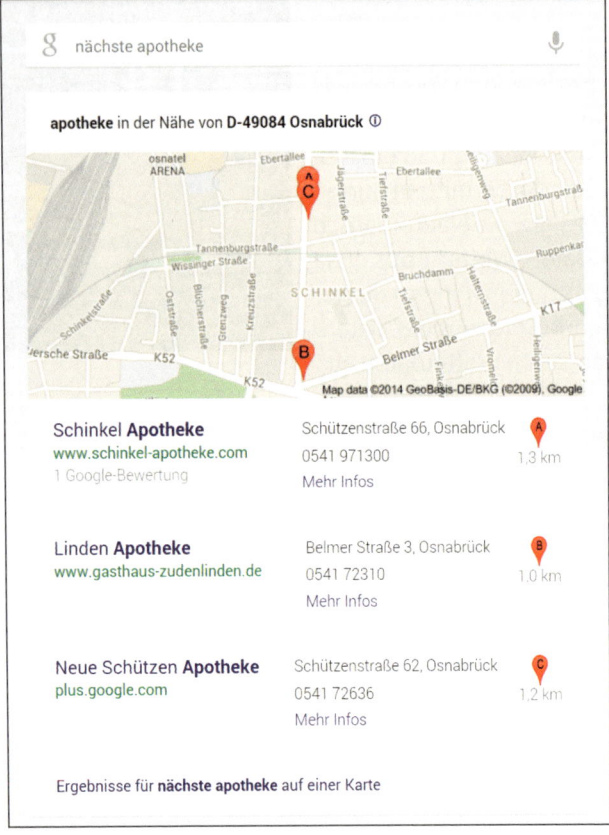

3 Liegen zusätzliche Informationen wie z. B. eine Telefonnummer vor, werden diese ebenfalls angegeben. Mit einem Tipp auf *Mehr Infos* und dann *Routenplaner* können Sie sich sogar den Weg zeigen lassen.

Routenplaner – So weist Ihr Tablet Ihnen den Weg

Ein größeres Tablet ist nicht unbedingt ein handliches Navigationsgerät, aber es kann im Notfall auch dafür dienen. Die Maps-App von Google ist auf den meisten Geräten bereits installiert. Sie zapft das umfassende Wissen der Google-Datenbank standortbezogen an, um die besten Museen, Hotels oder Restaurants zu nennen oder schlicht den Weg zur nächsten Tankstelle oder zu einem Geldautomaten zu zeigen.

1 Wenn Maps Sie erfolgreich auf der Karte verortet hat, zeigt die App Ihre aktuelle Position automatisch auf der Karte an.

2 Um einen ganz bestimmten Ort zu finden, tippen Sie nun oben in das Feld *Maps-Suche* und geben dort den Namen ein.

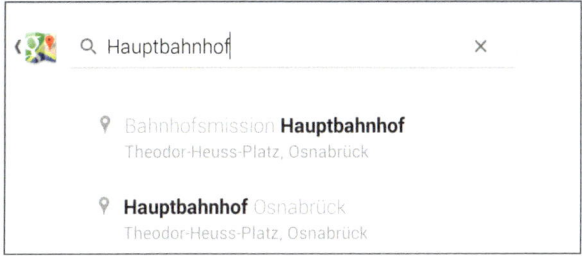

3 Die App zeigt Ihnen dann die Position dieses Ortes auf der Karte an.

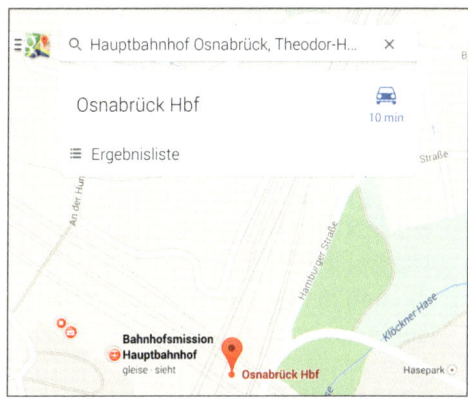

4 Um sich gleich dorthin führen zu lassen, tippen Sie auf das Wegsymbol rechts neben dem Namen des Ortes.

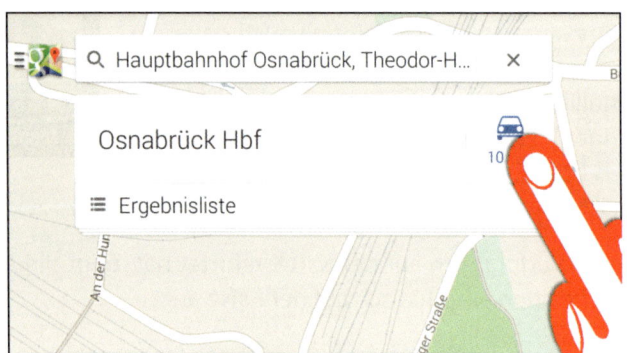

5 Im anschließenden Dialog sehen Sie Ihren Ausgangspunkt und den Weg zum Ziel. Wählen Sie gegebenenfalls noch das passende Profil (Auto, Nahverkehr, Fahrrad oder Fußgänger). Dann kann es mit einem Tipp auf die Route und anschließend auf *Start* auch schon losgehen.

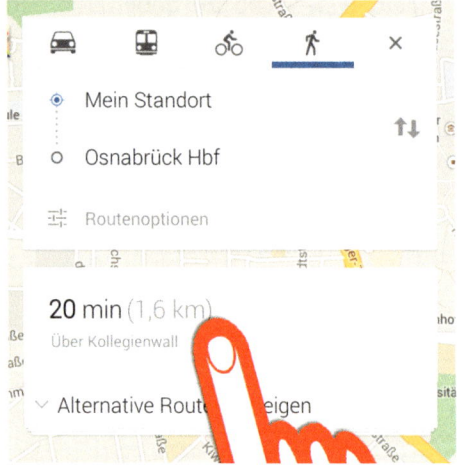

6 Die App zeigt Ihnen dann die Route auf der Karte an und gibt zugleich klare Weganweisungen, denen Sie folgen können. Wenn Sie jetzt mit Ihrem Tablet loslaufen, aktualisiert sich Ihre Position beständig und die App macht wie ein Navigationsgerät immer die passenden Ansagen.

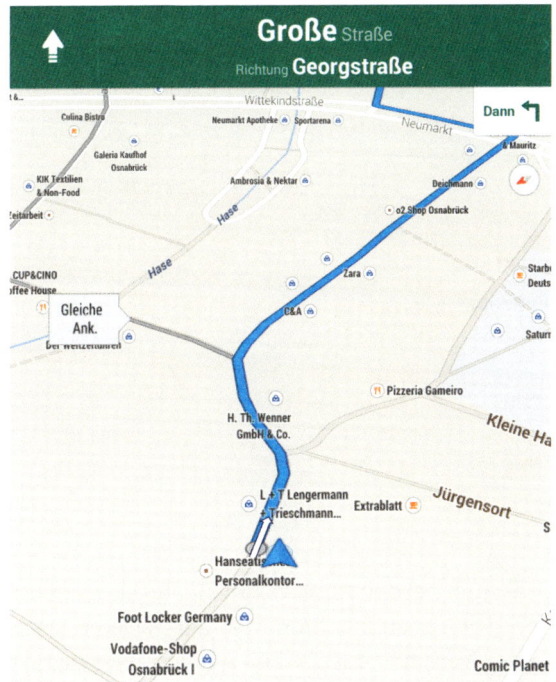

Die besten Tipps zum schnellen Finden

So bestimmen Sie, welche lokalen Dateien gefunden werden

Die lokale Suche bzw. deren Ergebnisse können Sie selbst beeinflussen, indem Sie festlegen, welche Apps in die Suche einbezogen werden.

1 Tippen Sie oben links auf den Google-Schriftzug, um das Suchfeld zu aktivieren.

2 Geben Sie dann keine Buchstaben ein, sondern tippen Sie rechts unten auf dem Bildschirm auf das Menüsymbol und wählen Sie die *Einstellungen*.

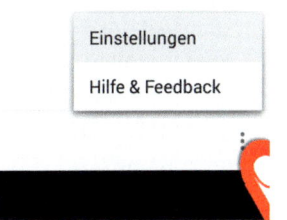

3 In der Kategorie *Tablet-Suche* finden Sie eine Liste aller Apps, die die lokale Google-Suche auf Ihrem Tablet mit ihren Datenbeständen unterstützen können. Zu jeder App ist angegeben, welche Arten von Inhalten sie beisteuert.

4 Entfernen Sie die Häkchen bei den Apps, deren Inhalte Sie nicht in den lokalen Suchergebnissen sehen möchten bzw. deren Daten Sie nicht benötigen. Je weniger Apps hier ausgewählt werden, desto schneller sind die Suchergebnisse jeweils vollständig.

Ausgehempfehlungen von Google Maps

Wenn Sie keinen konkreten Ort suchen, sondern einfach wissen möchten, wo man in der Nähe gut essen oder feiern kann, hilft Ihnen Google Maps auch hierbei weiter.

1 Tippen Sie dazu in das Suchfeld der App, geben Sie aber nichts ein. Beachten Sie auf dem Bildschirm stattdessen unten den Bereich *Erkunden*.

2 Wählen Sie dann aus, welche Art von Information Sie wünschen. Das meiste ist wohl selbsterklärend.

3 Wenn Sie sich für eine der Kategorien entscheiden, sehen Sie eine Liste von Empfehlungen, die auf Bewertungen früherer Besucher beruhen.

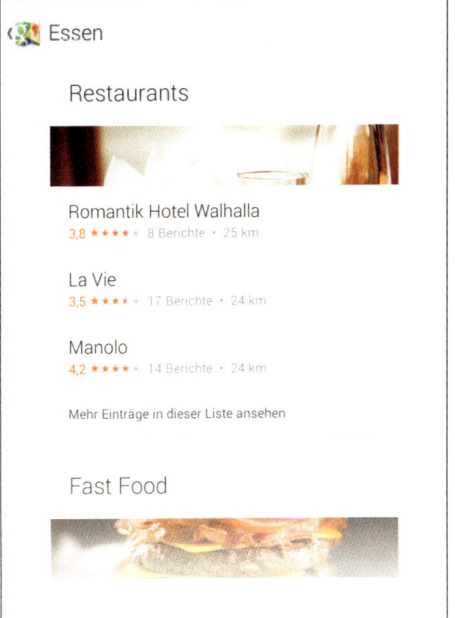

4 Tippen Sie einen der Einträge an, finden Sie ausführliche Informationen wie Adresse, Telefonnummer, Website oder Öffnungszeiten. Auch Erfahrungsberichte von Besuchern sowie das Pfeilsymbol sind nicht fern, mit dem Sie sich gegebenenfalls direkt zu diesem Ort hinführen lassen können.

Die Suche verfeinern

In jeder Kategorie finden Sie zunächst die – nach Googles Ansicht – empfehlenswertesten Orte, was indessen immer nur eine begrenzte Auswahl bedeutet. Wenn Sie aber eine Liste ganz nach unten ziehen, finden Sie dort jeweils die Auswahloption *Weitere Kategorien*. Hier ist das jeweilige Thema feiner unterteilt, etwa die Restaurants in Stilrichtungen wie Italienisch, Chinesisch, Griechisch etc. Die Ergebnisse hier sind wesentlich ausführlicher, allerdings sollte man die Entfernungsangabe im Blick behalten, nicht dass der Weg zum ausgesuchten Asiaten schon in die Nachbarstadt führt.

6. Medienzentrale – Bilder, Musik und Videos mit dem Tablet perfekt genießen

Ihr Android-Tablet kann auch und gerade im Multimediabereich konkurrieren. Und als Musikspieler kann ein Tablet mit iPod & Co. locker mithalten, wenn die richtige Software an Bord ist. Aber nicht nur Musik hören und Bilder anschauen können Sie damit. Auch für die Wiedergabe von Videos unterwegs ist die Leistung ausreichend, wenn Displaygröße und Klangqualität dem Filmgenuss nicht im Weg stehen. Auch eine Runde entspanntes YouTube-Stöbern auf der Couch macht mit dem Tablet richtig Spaß.

- Wie kann ich meine MP3-Musikdateien am besten auf mein Tablet übertragen? >> Seite 107

- Wie kann ich mein Tablet ganz komfortabel als MP3-Player verwenden? >> Seite 110

- Lässt sich der etwas flache Klang der Tablet-Lautsprecher per Software verbessern? >> Seite 108

- Wie kann ich Musik und Videos aus meinem Heimnetzwerk direkt auf mein Tablet streamen? >> Seite 111

- Wie kann ich mein Tablet als Fernbedienung für mein Multimedia-Heimnetzwerk einsetzen? >> Seite 123

- Gibt es Apps zum Abonnieren und Abspielen von Podcasts? >> Seite 115

- Wie kann ich Videos im Format XYZ auf meinem Tablet wiedergeben? >> Seite 121

Übertragen Sie Ihre Lieblingsmusik auf Ihren MP3-Player

Praktisch jedes Android-Tablet ist in der Lage, einen mobilen MP3-Player zu ersetzen. Um Musikclips darauf zu bekommen, stehen Ihnen verschiedene Möglichkeiten zur Verfügung. Beim Anschluss per USB-Kabel können Sie auf die SD-Karte des Gerätes als Wechselspeicher direkt zugreifen. Dann ist mit dem Windows Media Player eine bequeme Übertragung von Musikstücken möglich.

1 Klicken Sie in der Symbolleiste des Windows Media Player auf die Schaltfläche *Synchron...*

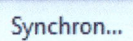

2 Oben rechts werden das Mobilgerät sowie die Speicherbelegung angezeigt. Darunter finden Sie eine Synchronisierungsliste.

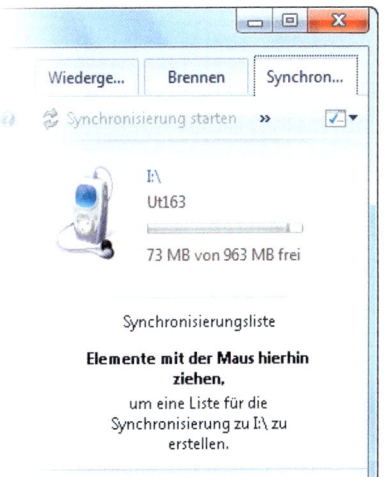

3 Ziehen Sie jetzt die Musikstücke, die Sie auf den Player transferieren möchten, mit der Maus auf diese Synchronisierungsliste.

Ganze Alben oder Playlisten transferieren

Sie können auch ein komplettes Album oder eine Wiedergabeliste auf die Synchronisierungsliste ziehen. Der Windows Media Player überträgt dann die zu diesem Album bzw. zu dieser Liste gehörenden Titel auf das Gerät.

4 Entspricht die Transferliste Ihren Vorstellungen, klicken Sie auf *Synchronisierung starten*.

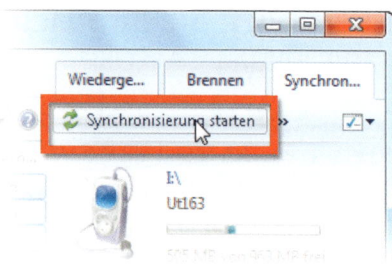

5 Der Windows Media Player überträgt dann die ausgewählten Titel. Steht unten in der Synchronisierungsliste *Die Synchronisierung ist abgeschlossen*, können Sie das Tablet wieder vom PC trennen.

Equalizer – fetter Sound auch aus flachen Tablet-Boxen

Aufgrund der flachen Bauweise sollten Sie von den in Ihrem Tablet eingebauten Lautsprecherboxen nicht zu viel erwarten. Zwar nutzen manche Tablets geschickt das Gehäuse als Verstärker, aber für den richtigen Sound insbesondere im Bassbereich fehlt einfach der Platz. Trotzdem lässt sich einiges herausholen, wenn Sie den Klang an Ihre persönlichen Hörgewohnheiten anpassen. Dafür reichen die Standardeinstellungen zwar nicht, aber eine App wie Equalizer eröffnet Ihnen ganz neue Einstellungsmöglichkeiten.

1 Tippen Sie nach dem Start der App zunächst unter *Beispiel* auf die Wiedergabetaste, um ein Musikstück abzuspielen, mit dem Sie

die Änderungen an der Klangwiedergabe verfolgen können. Mit der Ordnertaste rechts daneben können Sie auch ein eigenes Stück auswählen, das für diesen Zweck verwendet wird.

2 Nun können Sie unter *Vor-einstellungen* die Klangein-stellungen für verschiedene Musikgenres ausprobieren. Sie sehen an den Equalizer-Reglern direkt, was sich än-dert. Außerdem sollte es in der Regel deutlich zu hören sein.

3 Alternativ können Sie auch direkt die Regler bedienen, um z. B. Höhen oder Bässe mehr oder weniger zu beto-nen, und sich so ein ganz in-dividuelles Klangbild schaf-fen.

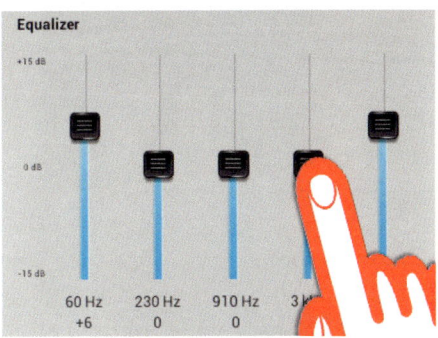

4 Haben Sie einen guten Klang gefun-den, können Sie die App einfach ver-lassen. Sie bleibt im Hintergrund aktiv, was Sie an dem Symbol im Infobereich erkennen können.

Equalizer funktioniert nicht immer?

Wenn die Equalizer-App zwar beim Testen funktioniert, sich aber auf andere Musik-Apps nicht auswirkt, schauen Sie mal in die System-einstellungen unter *Töne/Musikeffekte*. Wenn mehr als eine App für Musikeffekte vorhanden ist, wählen Sie hier *Equalizer* aus.

Play Music – Songs vom Tablet und aus dem Netz abspielen

Android bringt standardmäßig Play Music für die Wiedergabe von Musik mit. Damit können Sie sowohl lokal auf dem Tablet gespeicherte Musikstücke hören, als auch Musik aus dem Netz abrufen. Und besonders praktisch für umfangreichere Musiksammlungen ist die Suchfunktion.

1 Tippen Sie in Play Music oben rechts auf das Lupensymbol, um die Suche anzuzeigen.

2 Beginnen Sie nun, den gesuchten Begriff einzutippen. Es kann der Name eines Musikstücks, eines Albums oder des Interpreten sein.

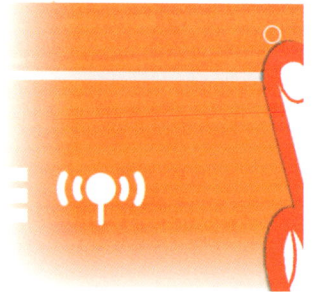

3 Nach der Eingabe einiger Zeichen finden Sie in der Auswahlliste darunter bereits passende Namen aus Ihrer Musiksammlung, die das Gesuchte vielleicht schon umfassen. Sonst tippen Sie einfach weiter.

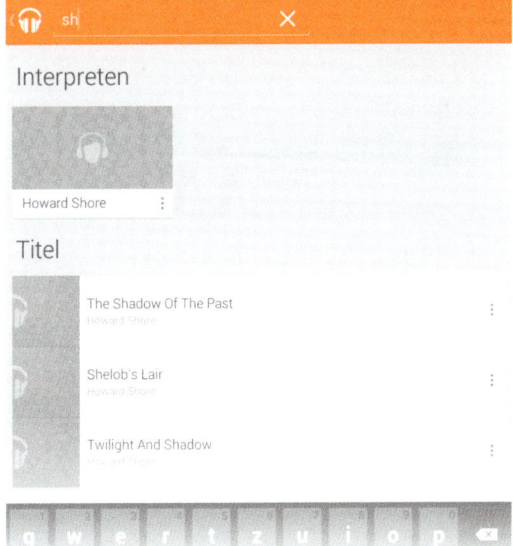

4 Wird das gewünschte Element in der Auswahlliste angezeigt, tippen Sie darauf, um die Wiedergabe zu starten.

Mit dem Tablet im ganzen Haus Musik & Video aus dem lokalen Netz genießen

Wenn Sie Ihr Android-Tablet in den eigenen vier Wänden als Musik- und Videoplayer nutzen möchten, brauchen Sie dafür nicht mal unbedingt Ihre ganze Medienbibliothek auf das Gerät zu kopieren. Ein Medienserver wie der Windows Media Player auf dem PC oder auch ein separates Gerät für diesen Zweck kann die Daten bei Bedarf an das Tablet streamen. Dafür benötigen Sie lediglich eine Streaming-Client-App wie z. B. 2player, die Sie kostenlos aus dem Play Store installieren können.

1 Wählen Sie nach dem Start aus, welcher der verfügbaren Streaming-Server verwendet werden soll.

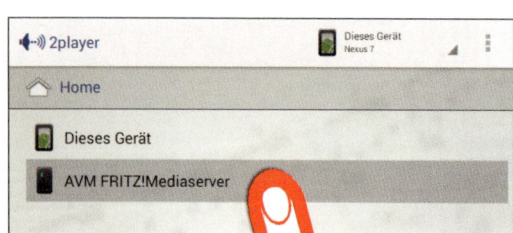

2 Die App präsentiert Ihnen dann die Inhalte des Streaming-Servers, wo Sie z. B. nach Interpreten, Alben oder Genre suchen können.

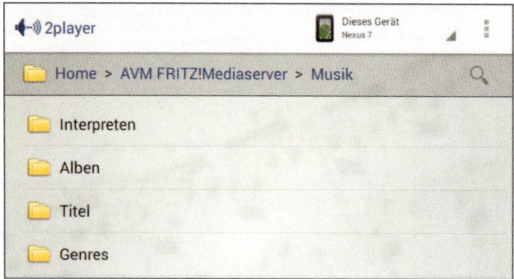

3 Wie genau die Navigationsmöglichkeiten sind, hängt vom verwendeten Server ab. Im Prinzip können Sie das Menü aber genauso nutzen, als wenn Sie den Server mit einem anderen Client wie z. B. dem Windows Media Player verwenden würden.

Lange Listen schnell durchsuchen

Bei einer umfangreichen Musiksammlung kann z. B. das Suchen nach einem bestimmten Interpreten in der alphabetischen Liste sehr langwierig sein. Hier hilft ein kleiner Tipp: Wenn Sie mit dem Finger am rechten Rand der Liste über das >-Zeichen scrollen, wird in der Mitte ein Buchstabe eingeblendet, der Ihnen anzeigt, wo Sie sich gerade in der Liste befinden. Außerdem können Sie durch Bewegung des Fingers nach oben oder unten den gewünschten Anfangsbuchstaben einstellen, und die Liste springt dann an die Stelle mit diesen Interpreten.

4 Haben Sie einen Clip oder eine Wiedergabeliste ausgewählt, puffert 2player die Daten zunächst wenige Sekunden und beginnt dann mit dem Abspielen.

Mit Spotify jederzeit und überall am Tablet Musik hören

Wenn Sie mit Ihrem Tablet viel unterwegs sind, aber nicht Ihre gesamte Musiksammlung auf den internen Speicher kopieren können oder möchten, bietet Spotify eine Alternative, überall und jederzeit auf eine schier endlose Musiksammlung zuzugreifen. Dazu installieren Sie die dazugehörige App und können damit nach Belieben Musik aus dem riesigen Bestand des Betreibers auf Ihr Tablet streamen.

Im Angebot finden sich aktuelle Hits, die Kataloge großer Plattenfirmen, aber auch kleinerer Labels, bei denen sich manche Perle entdecken lässt. Durch die Verknüpfung mit dem sozialen Netzwerk Facebook können Sie auch Empfehlungen für Musik bekommen, die Ihnen gefallen könnte.

> **Nur der Testmonat ist kostenlos**
>
> Die Spotify-App ist kostenlos und Sie können den Dienst damit einen kostenlosen Probemonat lang kennenlernen und auf Herz und Nieren testen. Wollen Sie dann dabeibleiben, müssen Sie eine monatliche Gebühr bezahlen, können aber auch jederzeit kündigen.

1 Haben Sie die Spotify-App aus dem Play Store heruntergeladen und installiert, registrieren Sie sich oder melden Sie sich mit einem bereits vorhandenen Konto an.

2 Dann landen Sie direkt bei den Neuheiten und können mal schnell reinhören. Tippen Sie einfach auf eines der präsentierten Alben, wählen Sie einen Titel aus, und schon geht es los.

113

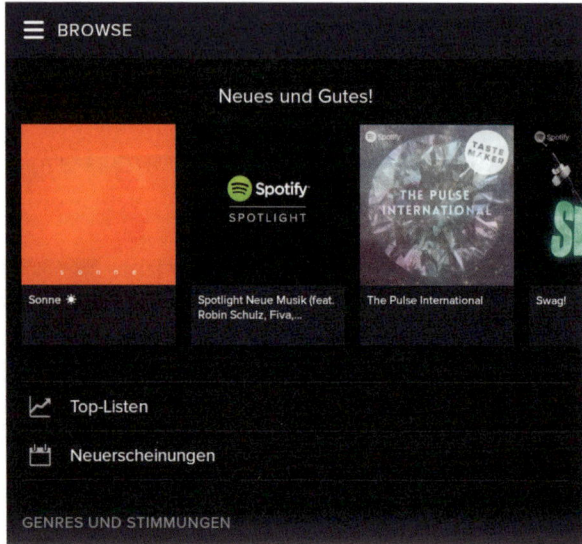

3   Wenn Sie ganz bestimmte Interpreten oder Songs hören möchten,
öffnen Sie oben links die Menüleiste und wählen dort *Suchen*.

4   Geben Sie nun den Namen des Interpreten, das
Album oder den Titel ein.
Eine erste Auswahl von
Ergebnissen sehen Sie
direkt während des Tippens. Verwenden Sie die
Eingabe- bzw. Suchen
Schaltfläche, um weitere anzuzeigen.

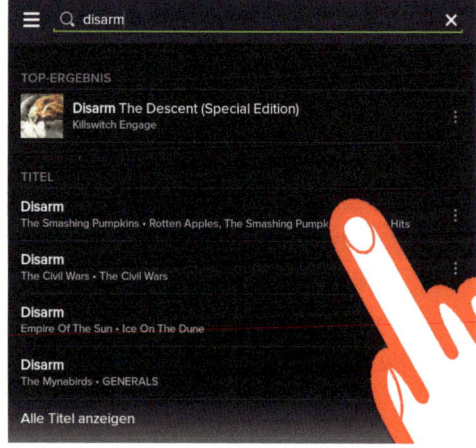

5   Die App zeigt Ihnen eine
Liste der infrage kommenden Titel an, in der
Sie den gewünschten antippen und direkt abspielen können.

> **Die Spotify-Wiedergabe im Detail steuern**
>
> Wenn Sie einen gefundenen Titel lange statt nur kurz antippen, öffnen Sie ein Menü mit erweiterten Funktionen. Hier können Sie das Musikstück z. B. in die Playlist einfügen, anstatt es sofort abzuspielen. Ebenso können Sie auf diese Weise weitere Titel vom selben Album oder Künstler abrufen.

Podcasts abonnieren und nach Lust und Laune abrufen

Podcasts sind Audio- oder Videoclips, die Politiker, Künstler, Comedians oder auch ganz einfache Bürger in regelmäßigen Abständen kostenlos im Netz veröffentlichen. Diese virtuellen Kanäle können Sie abonnieren und dann zu einem Zeitpunkt Ihrer Wahl abhören bzw. ansehen. Das geht prinzipiell auch per Hand im Web. Aber eine spezielle Podcast-App merkt sich Ihre Lieblingskanäle und macht das Abrufen zum Genuss. Sehr gut geht das etwa mit der App Rat poison (trotz des etwas gewöhnungsbedürftigen Namens).

1 Nach dem Start der App tippen Sie am besten direkt auf das große blaue Pluszeichen oben links, um sofort Ihre eigenen Podcasts hinzuzufügen.

2 Damit öffnen Sie ein umfangreiches Verzeichnis allein nur deutschsprachiger Podcasts (oben bei *PodCast List* können Sie andere Länder wählen). Die Liste unterteilt sich in verschiedene Kategorien.

3 Wenn Sie etwas ganz Bestimmtes suchen, wählen Sie die Kategorie *(All)* und tippen dann im Suchfeld darunter den Namen des Podcasts (oder zumindest einen eindeutigen Teil davon) ein.

4 Sie sehen dann alle Einträge, die dazu passen. Tippen Sie auf den gesuchten Podcast.

5 Mit *Detail* können Sie weitere Informationen zu diesem Kanal abrufen. Ansonsten tippen Sie auf *yes*, um diesen Podcast zu abonnieren.

Alle abonnierten Podcasts werden in der Liste aufgeführt, die direkt beim Start der App angezeigt wird. Hier können Sie jeweils die neusten Ausgaben abrufen.

1 Tippen Sie auf den Eintrag des Podcasts, den Sie abrufen möchten.

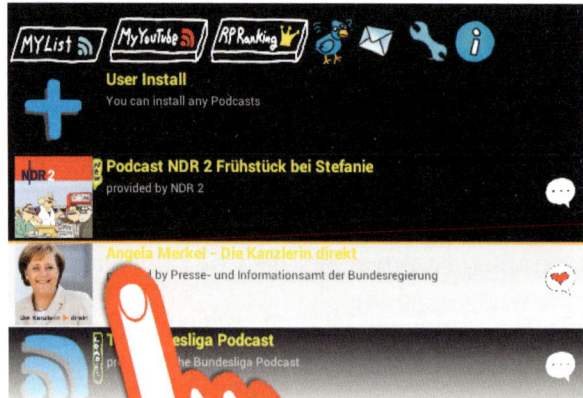

2 Die App ruft nun eine Liste der neusten Beiträge dieses Kanals ab und zeigt sie jeweils mit Veröffentlichungsdatum und einer kurzen Beschreibung an.

3 Tippen Sie auf den Beitrag, den Sie abrufen möchten.

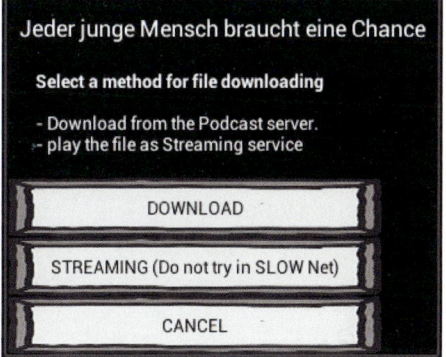

4 Sie haben nun die Wahl, den Beitrag per Streaming direkt abzurufen und wiederzugeben.

5 Alternativ können Sie den Podcast auch zunächst als Download beziehen und lokal speichern. So können Sie Beiträge auch zu einem späteren Zeitpunkt hören, wenn Ihr Tablet vielleicht nicht über eine Internetverbindung verfügt.

Podcasts jenseits des Katalogs

Die App bringt einen wirklich umfangreichen Katalog mit, aber vielleicht reicht der nicht immer. Weitere Podcasts können Sie hinzufügen, wenn Sie deren Abrufadresse im Web kennen. Tippen Sie dann in der Katalogübersicht oben links auf das blaue Plussymbol. Damit öffnen Sie einen Dialog, in dem Sie die Webadresse direkt eingeben können.

YouTube-Videos – die besten Tipps zur optimalen Nutzung

YouTube lässt sich zwar auch im Webbrowser nutzen, aber zusätzlich bringt Android von Haus aus eine eigene YouTube-App mit, mit der sich dieses Videoportal noch besser nutzen lässt. Sollte die App auf Ihrem Tablet noch nicht vorhanden sein, können Sie sie aus dem Play Store kostenlos installieren.

1 Beim Start zeigt die App automatisch eine Übersicht von neuen und beliebten Videos an.

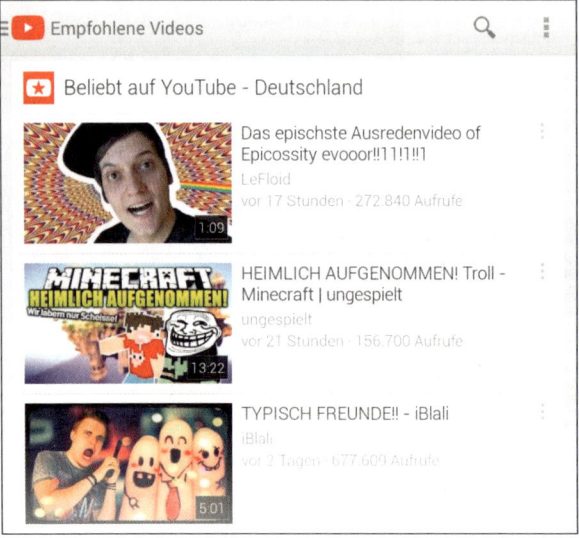

2 Tippen Sie einfach auf eines der Vorschaubilder, um das Video abzurufen.

3 Das Video wird dann (nach einer kurzen Ladepause) direkt wiedergegeben. Tippen Sie kurz darauf, um die Steuerelemente einzublenden.

4 Mit dem Pfeilsymbol unten rechts wechseln Sie zum Vollbildmodus, in dem das Video möglichst bildschirmfüllend angezeigt wird.

5 Mit dem Balken unten können Sie die Wiedergabe steuern und eine beliebige Position im Video erreichen.

6 Unterhalb des Videos schlägt Ihnen YouTube weitere Videos vor, die zu dem zuletzt gesehenen passen.

Lieblingsvideos für später vormerken

Wenn Ihnen ein YouTube-Video gut gefällt, können Sie es vormerken, um es später schnell wiederfinden zu können. Dafür können Sie eine Favoritenliste oder auch eigene Playlisten verwenden.

1 Um ein Video als Favoriten zu markieren, tippen Sie während oder nach der Wiedergabe oben rechts auf das Plussymbol.

2 Nun können Sie wählen, ob Sie das Video zum späteren Ansehen vormerken, als Favoriten dauerhaft merken oder in eine neue Playlist einfügen wollen.

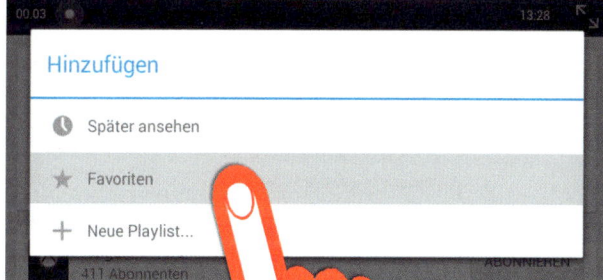

3 Sollten Sie noch nicht bei YouTube angemeldet sein, müssen Sie das für Funktionen wie *Favoriten* nun nachholen. Meist können Sie dafür einfach Ihr Google-Konto verwenden, sodass das schnell erledigt ist.

119

Damit haben Sie das Video auch schon bei Ihren Favoriten einsortiert. Um es später wieder abzurufen, tippen Sie oben links auf das YouTube-Symbol und wählen im so geöffneten Menü ganz oben Ihr eigenes Konto aus. Hier können Sie dann Ihre Favoriten oder auch Playlists abrufen.

Favoriten

Spannende Clips mit anderen teilen

Wenn Sie den sozialen Netzen wie Facebook, Twitter, Google+ & Co. zugeneigt sind, möchten Sie Ihre Onlinefreunde vielleicht auch auf diesem Weg über tolle neue Videos informieren? Wenn Sie die entsprechenden Apps auf Ihrem Tablet installiert haben (siehe Kapitel 10), kein Problem:

1 Wann immer Sie ein spannendes Video entdeckt haben, tippen Sie oben links auf das Teilen-Symbol der YouTube-App.

2 Damit öffnen Sie eine Liste der Apps auf Ihrem Tablet, die mit einem YouTube-Video etwas anfangen können. Hier sind z. B. auch Facebook und Twitter aufgeführt. Tippen Sie auf das entsprechende Symbol.

3 Rufen Sie so z. B. Twitter auf, wird automatisch ein neuer Tweet mit der Adresse des Videos entworfen. Diesen können Sie nun noch mit eigenem Text ergänzen und dann versenden.

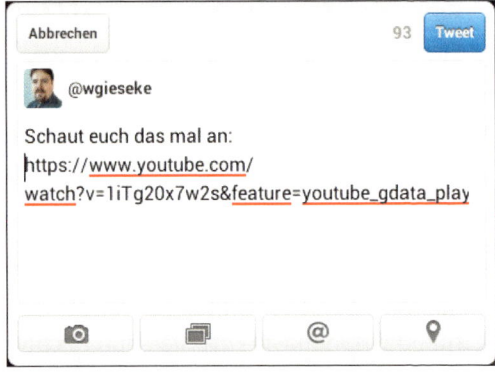

MX Player – die App für alle Videoformate

Wenn Sie Videos vom PC auf Ihr Tablet überspielen und dort anschauen möchten, müssen Sie genau beachten, welche Videoformate das Gerät von Haus aus unterstützt. Hier gibt es je nach Hersteller und verbauter Hardware Unterschiede, wenn auch einen kleinsten gemeinsamen Nenner. Oder aber Sie installieren mit dem MX Player einen Videoplayer auf Ihrem Tablet, der mit so ziemlich jedem Videoformat klarkommt und es anstandslos auf den Bildschirm bringen kann.

1 Nach der Installation muss der MX Player eventuell ein aktuelles Codec-Paket aus dem Netz nachladen, da dieses nicht zur App selbst gehört. Tippen Sie dazu auf *OK*, um im Play Store automatisch zu dem für Ihr Gerät passenden Codec geleitet zu werden, und installieren Sie diesen.

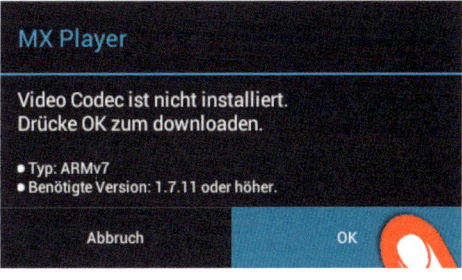

2 Starten Sie die App anschließend erneut. Nun ist der Codec vorhanden und MX Player startet regulär.

3 Sie können nun sofort die Videos ausprobieren, die auf Ihrem Tablet gespeichert sind, und werden hoffentlich feststellen, dass die App alles klaglos auf den Bildschirm bringt.

4 Die Steuerelemente für die Wiedergabe lassen Sie anzeigen, indem Sie kurz auf das laufende Video tippen. Besonders praktisch ist dabei das kleine Kästchen rechts, mit dem Sie verschiedene Zoommodi wählen können, wenn das Filmmaterial nicht exakt zur Bildschirmabmessung passt.

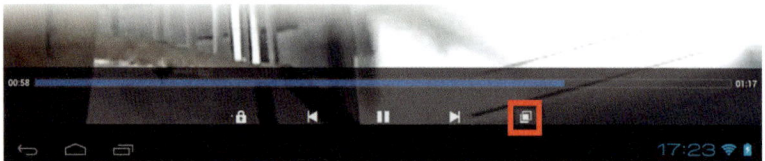

5 Noch besser sind aber die Funktionen, die Sie nicht sehen:

- Wenn Sie mit dem Finger horizontal über den Bildschirm wischen, führen Sie einen schnellen Vor- bzw. Rücklauf durch und können so schnell zu einer bestimmten Stelle im Film gelangen.

- Wenn Sie in der linken Bildschirmhälfte vertikal wischen, verändern Sie die Helligkeit des Bildschirms.

- Wenn Sie in der rechten Bildschirmhälfte vertikal wischen, verändern Sie die Lautstärke.

Die besten Multimediatipps für Ihr Tablet

Den Klang-Equalizer automatisch durch die Musik-App steuern lassen

Sie können die Equalizer-App (siehe Seite 108) weitestgehend durch Ihre App für die Musikwiedergabe „fernsteuern" lassen. Dann wird der Equalizer automatisch durch die Player-App gestartet und das Klangbild jeweils passend zum Genre der abgespielten Musik gewechselt. Das klappt nicht mit allen Musik-Apps, aber mit einigen gängigen wie etwa Google Play Music.

1 Schalten Sie hierzu in der Equalizer-App bei den Voreinstellungen zunächst die Option *Aktiviere die automatische Erkennung von Voreinstellungen* ein.

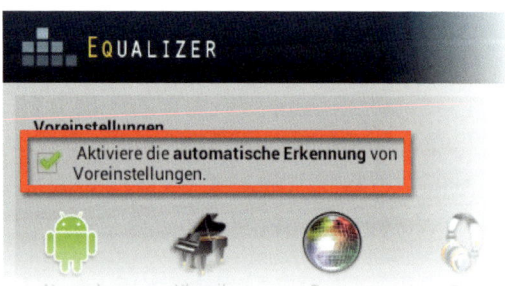

2 Öffnen Sie dann die *Einstellungen* von Equalizer, indem Sie oben rechts auf das Werkzeugsymbol tippen.

3 Aktivieren Sie hier die Option *Automatic on/off*.

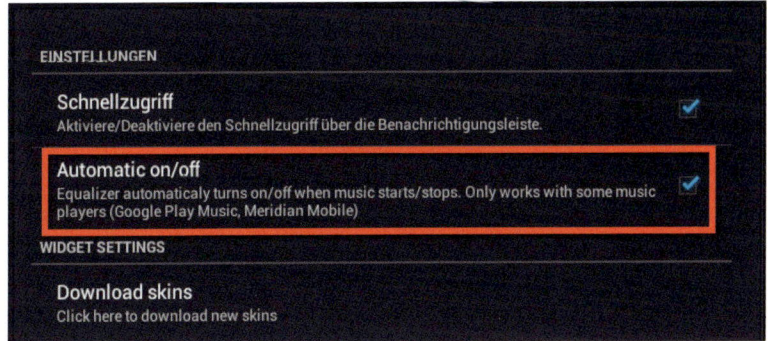

Ob das Ganze mit Ihrer Musik-App funktioniert, erkennen Sie, wenn beim Start der Musik-App automatisch das Equalizer-Symbol im Benachrichtigungsbereich angezeigt wird.

Nutzen Sie das Tablet als Fernsteuerung Ihrer Multimediageräte

Sie können die 2player-App auch als „Fernbedienung" nutzen, mit der Sie z. B. die Wiedergabe von Musik im ganzen Haus steuern. Dann vermittelt die App einfach nur zwischen Server und Wiedergabegerät und kann als komfortable Fernbedienung genutzt werden.

1 Stellen Sie wie üblich zunächst den Server ein, der z. B. Ihre Musiksammlung beherbergt.

2 Wählen Sie dann rechts oben, wo standardmäßig *Dieses Gerät* steht, ein anderes Streaming-Wiedergabegerät aus, z. B. Ihre Audioanlage oder das vernetzte TV-Gerät. Im Auswahlmenü werden automatisch alle Geräte im lokalen Netzwerk aufgeführt, die die Voraussetzungen für diese Funktion mitbringen.

3 Nun können Sie die App ganz normal zum Auswählen und Abspielen von Musikstücken nutzen. Nur
erfolgt die Wiedergabe eben auf
dem gewählten Multimediagerät.
Das Tablet fungiert nur als komfortabler Mittelsmann zwischen
Server und Client.

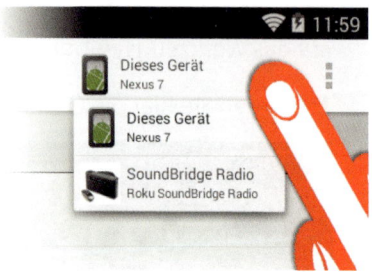

MP3-Player vollautomatisch mit neuer Musik bestücken

Neben dem manuellen Übertragen von Musiktiteln mit dem Windows
Media Player geht es sogar noch komfortabler: Bei einer vollautomati-
schen Synchronisierung schließen Sie Ihr Tablet an, warten kurz, bis der
Windows Media Player automatisch Ihre Lieblingsmusik darauf übertra-
gen hat, und ziehen den Player dann wieder ab – alles von ganz allein.
Mit wenigen Einstellungen können Sie einen solchen vollautomatischen
Musiktransfer realisieren.

1 Verbinden Sie den Player, den Sie automatisch betanken wollen, mit
dem PC.

2 Klicken Sie dann neben der *Synchron...*-Schaltfläche auf das kleine Pfeilsymbol und wählen Sie im
dadurch geöffneten Menü die Funktion *Synchronisierung einrichten*.

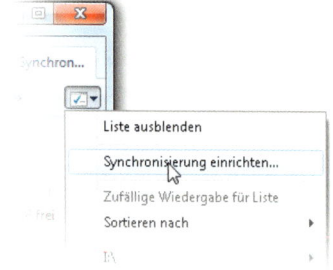

3 Im anschließenden Menü können Sie
einen Namen für das Gerät festlegen.
Klicken Sie dann auf *Fertig stellen*.

4 Öffnen Sie das Menü anschließend erneut und klicken Sie wiederum
auf *Synchronisierung einrichten*. Diesmal öffnen Sie damit ein anderes
Menü, in dem Sie zunächst oben links die Option *Gerät automatisch
synchronisieren* aktivieren.

5 Nun können Sie links bei *Verfügbare Wiedergabelisten* eine oder mehrere Listen auswählen und mit *Hinzufügen* in die rechte Hälfte (*Zu synchronisierende Wiedergabelisten*) verschieben. Aus diesen Abspiellisten wählt der Media Player dann die Inhalte für den Transfer aus. Die Reihenfolge bestimmt dabei, welche Titel beim Synchronisieren bevorzugt werden.

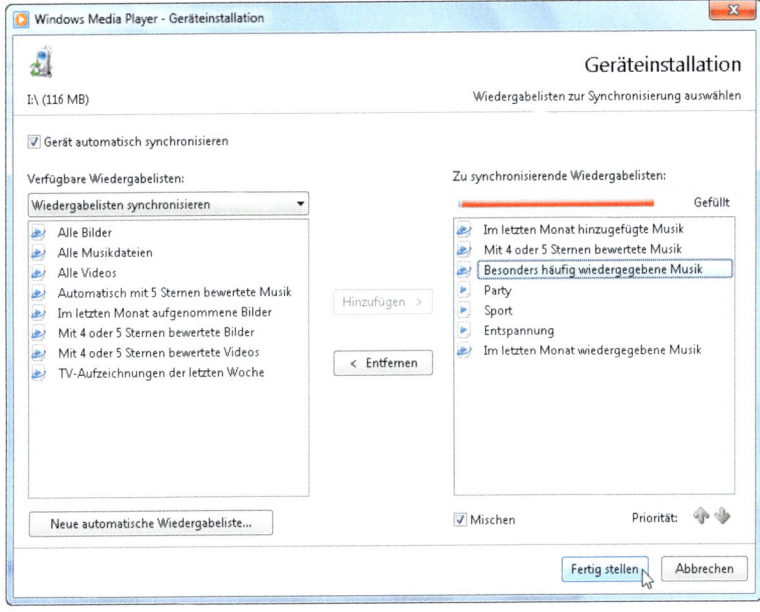

6 Mit der Option *Mischen* sorgen Sie für eine zufällige Verteilung der Titel.

7 Mit einem Klick ganz unten auf *Fertig stellen* starten Sie eine erste Synchronisierung mit den gewählten Vorgaben.

In Zukunft wird diese jedes Mal automatisch durchgeführt, wenn der Windows Media Player gestartet ist und Sie das Mobilgerät mit dem PC verbinden. Da für die Auswahl der Titel eine Zufallsfunktion verwendet wird, bekommen Sie immer einen anderen Mix auf Ihr Tablet.

7. Überall schmökern – Ihr Tablet als komfortabler E-Book-Reader

E-Books statt Bücherschrank – in digitaler Form können Sie Ihre Bü-
chersammlung überall hin mitnehmen und bei jeder Gelegenheit darin
schmökern. Ein Android-Tablet ist dafür ideal, denn es bietet ausreichend
Speicher und ein angenehmes, großes Display. Sie brauchen nur noch eine
Bezugsquelle für neuen Lesestoff und die richtige Reader-App.

- Wie kann ich E-Books auf mein Tablet herunterladen und lesen?
  ➤➤ Seite 127

- Wie kann ich auf meinem Tablet genauso ergonomisch wie auf
  einem „echten" E-Reader lesen? ➤➤ Seite 129

- Kann ich meine Kindle-E-Books auch mit meinem Tablet lesen und
  synchronisieren? ➤➤ Seite 131

- Gibt es auch Reader, die nicht ausschließlich von einer bestimmten
  E-Book-Plattform abhängig sind? ➤➤ Seite 134

- Gibt es legale Quellen für kostenlose E-Books? ➤➤ Seite 136

- Kann ich auch Zeitungen und Magazine in digitaler Form auf dem
  Tablet lesen? ➤➤ Seite 138

- Gibt es beim Tablet eine Hardwaretaste zum Umblättern?
  ➤➤ Seite 140

- Wie kann ich in einem E-Book bestimmte Stellen als Lesezeichen
  markieren und später schnell wiederfinden? ➤➤ Seite 141

E-Book-Futter – Bücher direkt aus dem Play Store herunterladen

Schon seit einiger Zeit bietet Google in seinem Play Store neben Apps, Musik und Filmen auch elektronische Bücher an. Mit Play Books gibt es die passende App gleich dazu, mit der Sie E-Books kaufen, verwalten und lesen können. Verwenden Sie mehrere Android-Geräte (z. B. Tablet und Smartphone), dann werden Ihre Bücher automatisch zwischen beiden synchronisiert. Sie können also jederzeit zum Gerät Ihrer Wahl greifen und dort weiterlesen. Auf den meisten aktuellen Android-Geräten ist Play Books bereits vorinstalliert. Sollten Sie diese App auf Ihrem Gerät nicht finden, können Sie sie aus dem Play Store installieren (siehe Kapitel 3).

1 Starten Sie die App Play Books, um sich einen Überblick über die bereits vorhandenen Titel zu verschaffen. In der Regel sind auch schon ein oder zwei Gratistitel oder Leseproben vorhanden.

Play Books

2 Die App zeigt Ihren Bücherbestand standardmäßig in der Karussellansicht, mit der Sie sich ganz einfach durch die vorhandenen Titel „wischen" können.

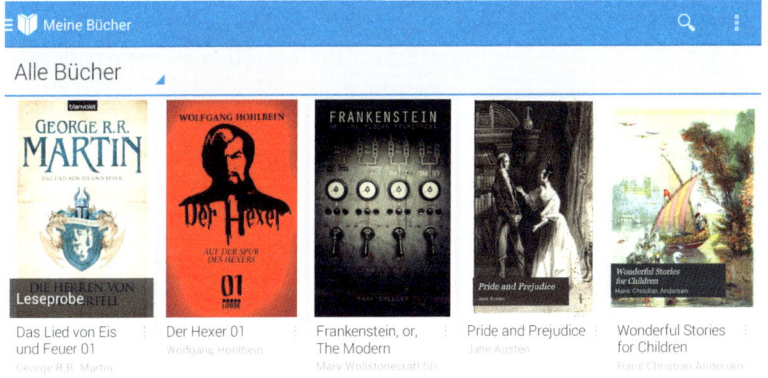

3 Wenn Sie auf der Suche nach neuen Büchern sind, tippen Sie auf das *Kaufen*-Symbol. Dieses bringt Sie direkt zur E-Book-Abteilung des Google Play Store.

4 Hier können Sie wie vom Play Store gewohnt den Bestand in verschiedenen Kategorien durchstöbern und so neue, besonders beliebte oder auch kostenlose Titel finden. Gerade Letztere eignen sich besonders für die ersten Versuche, falls Sie sich später doch für eine andere E-Book-Plattform entscheiden sollten.

5 Zu jedem Titel finden Sie eine Inhaltsangabe sowie gegebenenfalls Erfahrungsberichte anderer Leser, mit deren Hilfe Sie sich orientieren können.

6 Häufig können Sie zunächst eine kostenlose Vorschau abrufen. Das sind einige Seiten vom Beginn des Buches, nach deren Lektüre Sie dann entscheiden können, ob Sie dieses Buch weiterlesen und daher kaufen möchten.

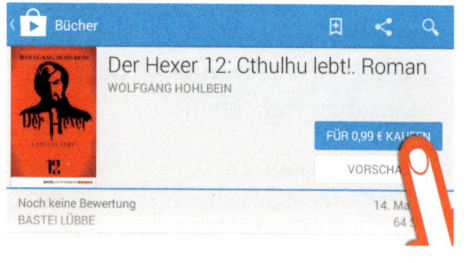

Sie können aber selbstverständlich auch gleich auf die Schaltfläche mit dem Preis tippen, um das Buch sofort zu erwerben.

7 Dann wird ein zusätzlicher Dialog angezeigt, in dem noch mal der Preis genau angegeben ist. Tippen Sie hier erneut auf die Schaltfläche *Kaufen*, um den Kauf endgültig abzuschließen.

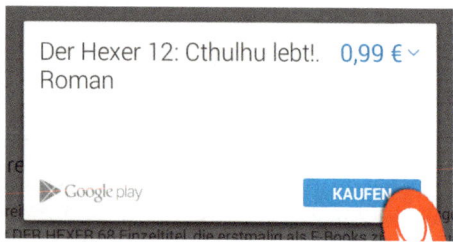

8 Nun folgt die eigentliche Kaufabwicklung und anschließend wird das Buch dann auch sofort heruntergeladen und in Ihre Bibliothek in der Play-Book-App eingefügt.

Ihr Google-Konto als Kaufnachweis

Die im Play Store erworbenen E-Books sind genau wie Kauf-Apps an Ihr Google-Konto geknüpft, das Sie auf Ihrem Tablet verwenden. Sie können gekaufte Bücher auf jedem Android-Gerät lesen, das ebenfalls mit diesem Konto verbunden ist. Auch zukünftigen Geräten bleiben Ihre Errungenschaften also erhalten, sofern Sie beim selben Google-Konto bleiben. Auch mit einem PC können Sie Ihre Google-E-Books lesen, wenn Sie mit dem Webbrowser play.google.com/books besuchen.

Schriftgröße, Textfluss, Helligkeit – Lesevergnügen mit dem Google–Reader optimieren

Das Lesen elektronischer Bücher ist zunächst mal recht intuitiv: Sie öffnen ein Buch, um es auf dem Bildschirm anzeigen zu lassen. Um umzublättern, verwenden Sie Wischgesten oder tippen jeweils an den rechten oder linken Bildschirmrand. Aber es gibt einige Feinheiten, mit denen Sie das Lesevergnügen noch steigern können.

1 Um einzustellen, wie Ihr Tablet E-Books anzeigt, tippen Sie kurz in der Mitte des Bildschirms, um die Steuerelemente oben und unten anzuzeigen. Tippen Sie dann oben rechts auf das Buchstabensymbol.

2 In dem so geöffneten Menü können Sie mit den oberen Auswahlfeldern das allgemeine Erscheinungsbild des Readers beeinflussen. *Design* beeinflusst die Schrift- und Hintergrundfarbe, *Schriftart* die verwendete Schrift und *Textausrichtung* das grundlegende Layout. Mit diesen Optionen können Sie ein wenig experimentieren, bis Sie eine angenehme Darstellung erreicht haben.

3 Die *Helligkeit* des Bildschirms kann bei den meisten Geräten automatisch abhängig von der Umgebungshelligkeit eingestellt werden, was in der Regel auch gut klappt. Sollte das Ergebnis für Sie nicht zufriedenstellend sein, können Sie die gewünschte Leuchtstärke mit dem Schieberegler rechts daneben individuell einstellen.

4 Am häufigsten zum Einsatz dürften allerdings die unteren Elemente für *Schriftgröße* und *Zeilenhöhe* kommen. Da die Gestaltung bei jedem E-Book anders sein kann, können Sie hier die Textdarstellung so wählen, wie sie für Sie angenehm zu lesen ist. Die App merkt sich die gewählten Einstellungen, sodass sie pro Buch nur einmal erforderlich sind.

Inhaltsverzeichnis und Suche

Auch E-Books verfügen (meist) über ein Inhaltsverzeichnis, mit dem Sie einzelne Kapitel direkt ansteuern können. Dieses öffnen Sie mit einem Tipp auf das Listensymbol oben rechts neben dem Buchstabensymbol. Das Lupensymbol links daneben öffnet die Suchfunktion, einen der großen Vorteile elektronischer Bücher. Damit können Sie im Volltext eines E-Books nach einem beliebigen Begriff suchen, um beispielsweise einen Ort oder eine Person der Handlung schnell wiederzufinden.

Kindle synchronisieren – Ihre Amazon-Bibliothek auf dem Tablet nutzen

Eine Alternative zu Google Play Books ist die beliebte Amazon-Plattform Kindle. Zwar gibt es hierfür sogar spezielle Lesegeräte, aber darauf können Sie verzichten. Mit der Kindle-App, die Sie kostenlos im Play Store finden, können Sie mit Ihrem Tablet Bücher kaufen, herunterladen, lesen und automatisch mit Kindle-Lesern oder -Programmen (z. B. am PC) synchronisieren. Auch wenn Sie bereits über ein Kindle-Konto verfügen, können Sie die App damit verknüpfen und die gekauften Bücher so auf Ihrem Tablet lesen.

1 Haben Sie die Kindle-App noch nicht auf Ihrem Tablet, installieren Sie sie zunächst kostenlos aus dem Play Store (siehe Kapitel 3).

2 Beim ersten Start fragt die App nach Ihrem Amazon-Konto. Geben Sie dazu die E-Mail-Adresse und das Passwort ein, mit dem Sie bei Amazon registriert sind. Sollten Sie noch kein Konto dort haben, tippen Sie unten auf *Jetzt einrichten*.

3 Haben Sie bereits E-Books bei Amazon erworben, werden diese anschließend direkt synchronisiert und in der Übersicht angezeigt.

4 Wenn Sie eines der Bücher lesen möchten, muss es zuvor jeweils auf Ihr Tablet heruntergeladen werden. Das erfolgt automatisch, dauert aber je nach Internetverbindung eine kurze Zeit.

5 Anschließend steht Ihnen das E-Book auf dem Tablet dauerhaft zur Verfügung. Sie können es allerdings nach dem Lesen vom Gerät löschen, um den Speicherplatz freizugeben.

Neue Kindle-E-Books bei Amazon beziehen

In der Kindle-App finden Sie überall Links zum Kindle-Shop, die allesamt die Amazon-Kindle-Website im Webbrowser öffnen. Hier können Sie im riesigen Angebot stöbern und Bücher erwerben. Wenn Sie das Tablet mit Ihrem Amazon-Konto verknüpft haben, wird Ihr Tablet als Kindle-Gerät aufgeführt und Sie können angeben, dass ein neues Buch direkt auf dieses Gerät übertragen werden soll. Das Ganze können Sie mit einem beliebigen Webbrowser z. B. auch auf Ihrem PC erledigen. Nach dem nächsten Synchronisieren finden Sie das neue E-Book dann auf dem Tablet vor.

Klare Sicht – die Lesbarkeit von Text auf dem Tablet optimieren

Die Kindle-App funktioniert im Prinzip genauso wie die vorangehend beschriebene Play-Books-App: Wählen Sie ein Buch in der Übersicht zum Lesen aus. Durch dieses können Sie blättern, indem Sie nach links oder rechts wischen. Oder Sie tippen an den jeweiligen Bildschirmrand.

1 Um die Textdarstellung nach Ihren Vorlieben anzupassen, tippen Sie auf die Bildschirmmitte und dann oben rechts auf das Buchstabensymbol.

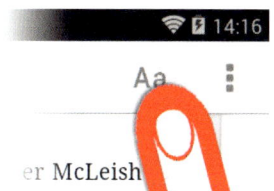

2 Hier können Sie mit komfortablen Steuerelementen die *Textgröße*, die *Helligkeit* sowie die *Schriftart* festlegen. Auch die *Ränder* und die *Farbe* lassen sich beeinflussen. So eignet sich z. B. das *Schwarz*-Design besonders für dunkle Umgebungen.

3 Bei der Helligkeit des Bildschirms orientiert sich die Kindle-App standardmäßig an den systemeigenen Voreinstellungen. Sie können aber auch eigene Vorgaben festlegen, die dann nur für die Kindle-App gelten.

Aldiko Book Reader – die unabhängige Alternative zu Google & Amazon

Wenn Sie sich nicht auf eine E-Book-Plattform festlegen, aber trotzdem nicht mit mehreren Reader-Apps hantieren möchten, ist der Aldiko Book Reader vielleicht das Richtige für Sie. Dieser E-Book-Reader ist nicht an Google oder Amazon gebunden. Er bringt zwar auch eine eigene Kaufplattform mit, aber Sie können ebenso E-Books im gängigen EPUB-Format oder PDFs mit oder ohne Kopierschutz in Ihre Bibliothek importieren und komfortabel lesen.

1 Nach dem Start präsentiert sich die App in einer schicken Buchregaloptik, Sie können aber zunächst nur Ihre kürzlich gelesenen Titel abrufen oder Angebote aus dem Aldiko Store betrachten.

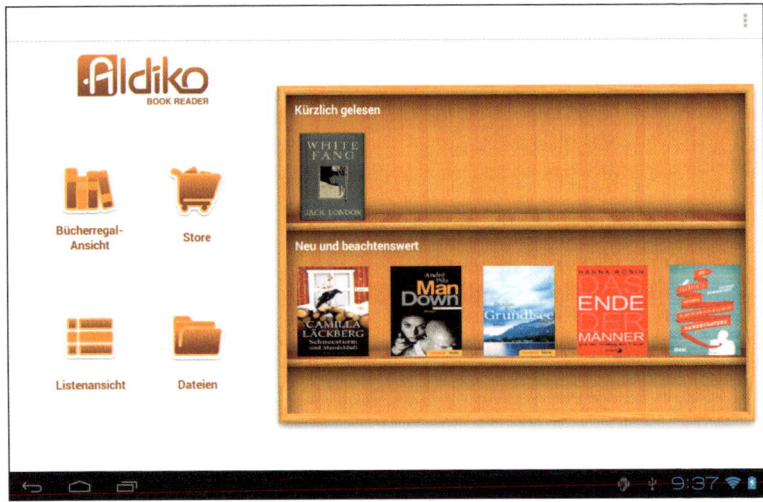

2 Haben Sie bereits eigene E-Books auf das Tablet übertragen, tippen Sie links unten auf *Dateien*. Steuern Sie nun mit dem eingebauten Dateimanager den Ordner an, in dem Ihre E-Books auf dem Tablet gespeichert sind.

3 Tippen Sie ein E-Book an und wählen Sie im Kontextmenü *Importieren*, um es dauerhaft in die Bibliothek des Aldiko Book Readers aufzunehmen. Mit *Öffnen* zeigen Sie es nur einmalig zum Lesen im Reader an.

Mehrere E-Books auf einmal importieren

Wollen Sie gleich mehrere E-Books oder Ihre gesamte Sammlung importieren, speichern Sie alle Dateien in einem Verzeichnis auf dem Tablet. Wählen Sie diesen Ordner dann wie vorangehend beschrieben aus, tippen Sie aber oben rechts auf das Menüsymbol und dort auf *Alle auswählen*. Dann werden alle E-Book-Dateien im angezeigten Ordner markiert und Sie können sie wiederum oben rechts mit *Importieren* alle in einem Rutsch in Ihre Bibliothek aufnehmen.

---

4 Das eigentliche Importieren geht schnell, und anschließend stehen die eingelesenen Buchtitel in Ihrer Aldiko-Bibliothek zur Verfügung.

100.000 kostenlose Bücher – Gratislesestoff mit Wattpad

Wenn Ihr Budget für Bücher begrenzt ist oder Sie Lust auf Entdeckungen abseits des allgemeinen Buchmarkts haben, sollten Sie Wattpad ausprobieren. Das ist nicht einfach eine Reader-App, sondern dahinter steht eine ganze Plattform, die man auch als „YouTube für Geschichten" bezeichnen könnte. Hier können Autoren ihre Bücher, Kurzgeschichten und Gedichte kostenlos veröffentlichen und ebenso können Sie als interessierter Leser kostenlos darauf zugreifen. Dabei sollten Sie nicht unbedingt die von kommerziellen Veröffentlichungen gewohnten Standards bezüglich Qualität, Aufmachung und Fehlerfreiheit der Texte erwarten. Dafür werden Sie aber mit einer großen kostenlosen Auswahl an Texten belohnt, die immer wieder für Überraschungen gut ist.

1 Beim Start bittet Wattpad um eine Anmeldung. Diese kann mit einem Facebook-Konto erfolgen oder Sie legen ein eigenes Konto bei Wattpad an. Um erst mal nur zu schmökern, können Sie aber auch ganz unten auf *No Thanks* tippen.

2 Damit landen Sie direkt in der nach Themen sortierten Inhaltsübersicht von Wattpad. Tippen Sie hier auf eine Kategorie, die Sie interessiert.

3 Innerhalb der Kategorien wird jedes Angebot mit Umschlagbild und kurzer Zusammenfassung angezeigt. Ebenso erfahren Sie, wie umfangreich die Texte überhaupt sind.

4 Interessant sind außerdem die Angaben zur Anzahl der Abrufe sowie die Bewertungen in Form von Sternchen, die Sie unterhalb jedes Eintrags finden. Beides kann als Orientierung dienen, bei welchen Texten das Reinlesen lohnt.

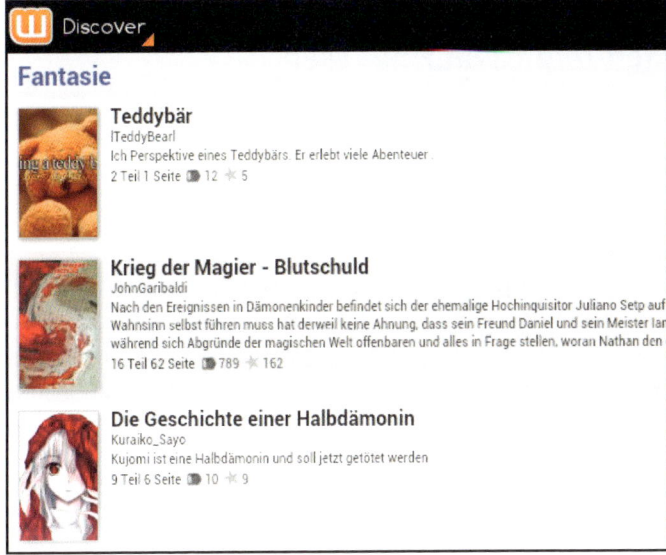

5 Um einen Text zu lesen, tippen Sie den Eintrag einfach an. Die App öffnet das E-Book dann in einem Reader, in dem Sie wie bei ähnlichen Apps auch per Wischgeste oder Tippen am Rand blättern können. Ein Tippen in der Mitte des Bildschirms zeigt die Steuerelemente an.

Ruck, zuck zur eigenen Bibliothek

Wenn Sie einen Text mit der Zurück-Taste schließen, fragt die App, ob Sie dieses E-Book zu Ihrer Bibliothek hinzufügen möchten. Wenn Sie dies tun, können Sie den Text später jederzeit schnell wiederfinden, indem Sie im Auswahlfeld oben links zu *Meine Bibliothek* wechseln.

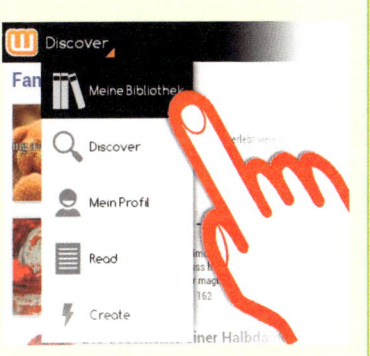

Digitale Neuigkeiten – mit Google Play Kiosk Zeitungen und Magazine lesen

Nicht nur Bücher bieten Lesestoff. Aktuelle Zeitschriften und Magazine sind mindestens ebenso beliebt. Viele davon sind auch im Netz vertreten, und darüber hinaus bietet das Internet eine Vielzahl rein digitaler Nachrichtenquellen, Blogs und Newsletter, die man allerdings mühsam einzeln ansur-

fen müsste. Mit der App Play Kiosk von Google können Sie solche Quellen in einer komfortablen Form erschließen. Sie versammelt verschiedene von Ihnen selbst ausgewählte Nachrichtenquellen und bringt diese in einer angenehmen Form auf den Bildschirm, die der Präsentation in einer „echten" Zeitschrift kaum nachsteht.

1 Play Kiosk bringt von Haus aus bereits eine Auswahl von Nachrichtenquellen mit, die Sie in den verschiedenen Rubriken abrufen können. Um den Inhalt nach Ihren Vorstellungen zu gestalten, tippen Sie oben links auf das Menüsymbol und wählen in der Übersicht *Mein Kiosk*.

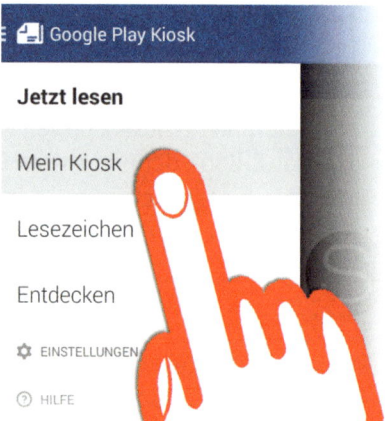

2 Play Kiosk präsentiert Ihnen dann den aktuellen Überblick Ihrer Nachrichtenquellen. Wie auf der Startseite des Tablets können Sie einzelne Anbieter erfassen und nach oben auf *Entfernen* ziehen, um sie nicht mehr angezeigt zu bekommen.

3 Mit *Hinzufügen* ganz unten können Sie dafür neue Nachrichtenquellen ergänzen.

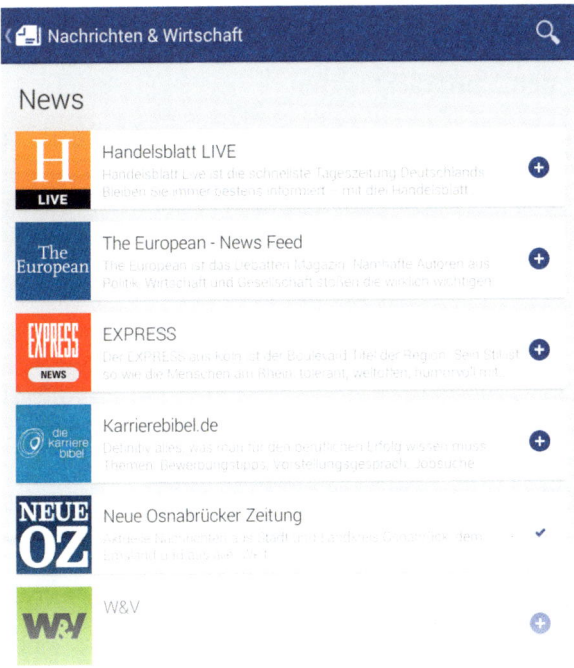

4 Wählen Sie dazu zunächst den Themenbereich aus und tippen Sie darin die gewünschte(n) Quelle(n) einfach an.

Anschließend finden Sie diese Quelle in Ihrer Übersicht in der passenden Rubrik. Dort können Sie sie jederzeit anwählen, und Play Kiosk zeigt Ihnen die aktuellen Inhalte dieser Quelle an.

Einfach durch die Nachrichten „wischen"

Das gezielte Auswählen im Verzeichnis Ihrer Nachrichtenquellen ist nur eine Zugangsmöglichkeit. Sie können sich auch einfach von Nachrichtenquelle zu Nachrichtenquelle wischen: Play Kiosk wechselt mit jeder Wischgeste zur nächsten Quelle in der Liste.

Die besten Tipps zu elektronischen Büchern

Umblättern mit den Lautstärketasten

Das Umblättern per Wischgeste ist nicht jedermanns Sache. Der Google-Reader Play Books bietet als Alternative die Möglichkeit, die Lautstärketasten am Tablet-Gehäuse zu verwenden. Je nach Position der Tasten und Handhaltung des Tablets lassen sich diese bequem und vor allem ohne hinzuschauen erreichen.

1 Öffnen Sie das Optionsmenü der App und darin die *Einstellungen*.

2 Setzen Sie dort ein Häkchen bei *Seiten mit Lautstärketaste umblättern* und verlassen Sie die *Einstellungen* wieder.

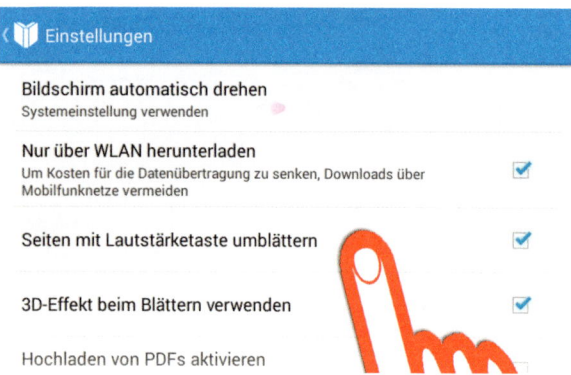

3 Ab sofort können Sie die Lautstärketasten bei allen E-Books zum Umblättern verwenden. Um stattdessen die Lautstärke Ihres Tablets zu verändern, brauchen Sie die App Play Books nur zu verlassen und z. B. zur Startseite zurückzukehren.

Dank Gehe zu jederzeit die gesuchte Stelle finden

Amazons Kindle-App bietet eine Gehe-zu-Funktion, mit der Sie markante Stellen im Buch wie die Titelseite, das Inhaltsverzeichnis oder den Anfang des Textes direkt erreichen können.

1 Tippen Sie in einem Buch in die Mitte des Bildschirms und dann oben links auf das Menüsymbol.

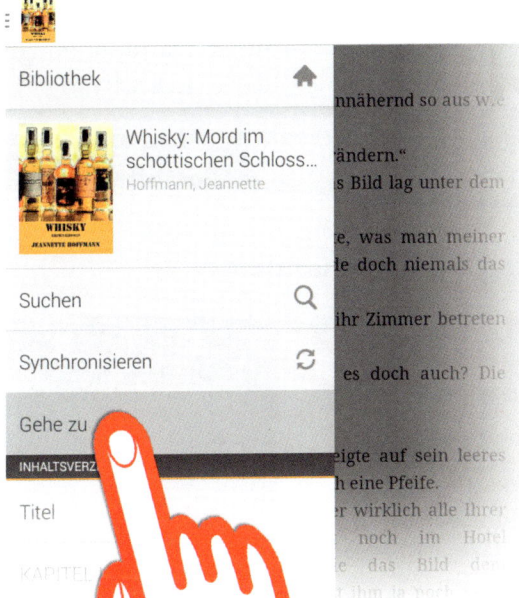

2 Wählen Sie im Menü die Funktion *Gehe zu*. Darunter finden Sie – soweit vorhanden – ein Inhaltsverzeichnis des Buches, mit dem Sie die einzelnen Abschnitte direkt anwählen können.

3 Alternativ können Sie auch direkt eine bestimmte Position ansteuern, wenn Sie sich z. B. noch erinnern oder notiert haben, an welcher Position eine spezielle Information zu finden ist.

Spannende Stellen per Lesezeichen schnell wiederfinden

Praktisch alle E-Book-Reader bieten die Möglichkeit, Lesezeichen in die digitalen Bücher einzufügen. So können Sie wichtige Stellen markieren und später jederzeit schnell wiederfinden. Beim Aldiko Book Reader funktioniert das beispielsweise folgendermaßen:

1 Tippen Sie in einem Buch mittig auf den Bildschirm, um die Steuerelemente anzuzeigen.

2 Tippen Sie dann oben rechts auf das Lesezeichensymbol.

erflucht ist. Ich reiste im
sah ich die Stadt schaurig

3 Dieses wird daraufhin rot eingefärbt, um anzuzeigen, dass diese Seite ein Lesezeichen enthält.

Und so steuern Sie dieses Lesezeichen später wieder an:

1 Tippen Sie oben rechts auf das Pfeilsymbol und wählen Sie im Untermenü *Lesezeichen*.

2 Dadurch rufen Sie eine Liste der für dieses E-Book gespeicherten Lesezeichen ab. Tippen Sie auf eines der Lesezeichen, um im Reader direkt zur entsprechenden Stelle zu springen.

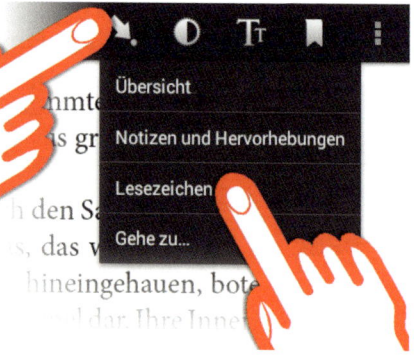

8. E-Mail, Kalender, Adressen – das Tablet als Ihr persönlicher Assistent

Ein Tablet kann zum persönlichen Assistenten werden, der Sie bei der E-Mail-Kommunikation überall und jederzeit unterstützt, Ihr komplettes Adressbuch verwaltet, Sie rechtzeitig und zuverlässig an wichtige Termine erinnert und wichtige Daten und Dokumente stets für Sie bereithält.

- Wie empfange ich meine E-Mails auf dem Tablet? ➤➤ Seite 143

- Wie stelle ich einen Push-Dienst für meine E-Mails ein? ➤➤ Seite 157

- Wie kann ich beliebige E-Mail-Anhänge auf dem Tablet betrachten und/oder bearbeiten? ➤➤ Seite 146

- Wie kann ich mein Tablet mit meinem Onlinekalender synchronisieren? ➤➤ Seite 151

- Wie kann ich Termine direkt auf dem Tablet erstellen? ➤➤ Seite 152

- Wie lasse ich mich rechtzeitig an Geburtstage, Hochzeitstage und andere wiederkehrende Jubiläen erinnern? ➤➤ Seite 158

- Gibt es Alternativen zum Standardkalender mit mehr Übersicht? ➤➤ Seite 155

- Wie kann ich eine Terminübersicht als Widget direkt auf der Startseite anzeigen lassen? ➤➤ Seite 156

Verbinden Sie Ihr E-Mail-Konto mit Ihrem Tablet

Ein Android-Tablet ist eine komfortable Möglichkeit, auch unterwegs E-Mail-Nachrichten zu empfangen und zu verschicken. Ein E-Mail-Konto steht Ihnen automatisch zur Verfügung, da zu Ihrem Google-Konto auch ein Postfach gehört.

Gmail auf dem Android-Tablet

Anstatt das allgemeine E-Mail-Programm zu nutzen, stellt Google dafür eine eigene App zur Verfügung. Das ist etwas umständlich, wenn man gleichzeitig auch andere E-Mail-Konten verwenden möchte. Dafür unterstützt die Gmail-App einige spezielle Funktionen, die so nur bei Googles Mailservice vorhanden sind. Wenn Sie nur das Google-Postfach nutzen, beschränken Sie sich einfach auf diese App. Wenn Sie Ihr E-Mail-Postfach bei einem anderen Anbieter haben, verwenden Sie die herkömmliche E-Mail-App.

1 Wenn Sie Ihr Android-Tablet mit einem Google-Konto verknüpft haben, ist automatisch auch der Zugriff auf das dazugehörende Postfach in Gmail eingerichtet.

2 Wenn Sie die App aufrufen, zeigt sie Ihnen automatisch eine Übersicht Ihres Posteingangs. Tippen Sie eine der Nachrichten an, um den Inhalt zu lesen.

3 Weitere Funktionen finden Sie mit den Symbolen und dem Menü oben rechts. So rufen Sie mit *Aktualisieren* die neusten E-Mails ab.

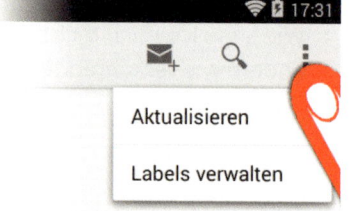

E-Mail–Postfächer anderer Anbieter nutzen

Wenn Sie bereits ein E-Mail-Postfach bei einem anderen Anbieter haben oder z. B. Ihre Firmenmails abrufen möchten, können Sie dieses Konto bei der klassischen E-Mail-Anwendung von Android einrichten.

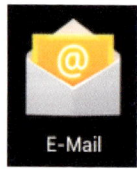

1 Beim ersten Start wird automatisch ein Assistent zum Einrichten aktiv. Alternativ öffnen Sie mit der Schaltfläche oben rechts die *Einstellungen* und tippen dort wiederum oben rechts auf *Konto hinzufügen*.

2 Geben Sie Ihre E-Mail-Adresse und das dazugehörige Passwort ein. Handelt es sich um ein Postfach bei einem der bekannten Anbieter, werden die benötigten Serveradressen mit *Weiter* automatisch ermittelt und eingestellt. Andernfalls tippen Sie auf *Manuell einrichten*, um diese Angaben selbst zu hinterlegen.

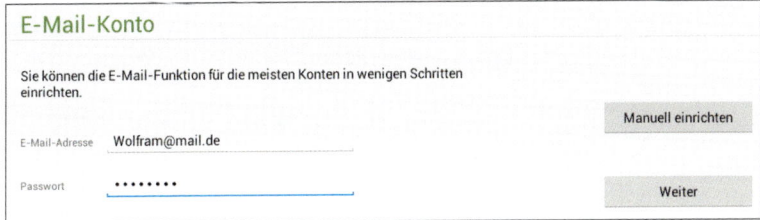

3 Wählen Sie dazu den Kontotyp *POP3*, *IMAP* oder *Exchange* aus, und geben Sie die notwendigen Angaben wie Serveradressen und Ports ein.

4 Sind die Server eingerichtet, legen Sie noch die Häufigkeit fest, mit der neue Nachrichten abgerufen werden sollen.

5 Schließlich können Sie noch einen Namen für das Konto angeben sowie Ihren Namen, der als Absender eingetragen werden soll.

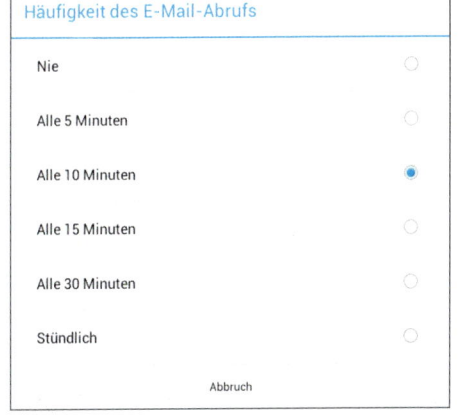

Anschließend erfolgt direkt der erste Nachrichtenabruf vom Konto.

Mailanhänge auf dem Tablet problemlos lesen

Android kennt von Haus aus nur einige Dokumentformate wie einfachen Text, HTML etc. Prinzipiell können Sie trotzdem beliebige Dateiformate z. B. als E-Mail-Anhang empfangen und verarbeiten. Voraussetzung ist allerdings, dass Sie eine passende App installiert haben, die mit dem jeweiligen Dokumentformat umgehen kann.

Ein Beispiel für eine solche App ist Documents To Go. Mit der kostenlosen Viewer-Variante können Sie gängige Office-Dokumente von Word, Excel und PowerPoint mit dem Tablet betrachten. Die kostenpflichtige Vollversion erlaubt sogar das Bearbeiten solcher Dokumente von unterwegs.

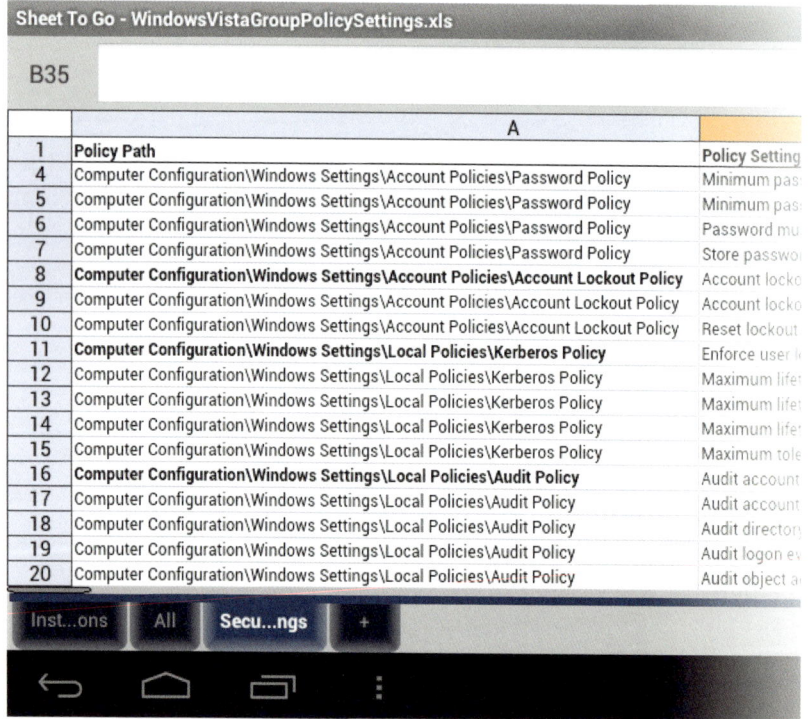

Viewer-Apps für weitere Dokumentformate finden

Über den Play Store (siehe Kapitel 3) können Sie weitere Viewer für verschiedene Dokumentformate finden. Suchen Sie hier einfach nach der Bezeichnung für das Format, eventuell ergänzt mit dem Begriff Viewer, z. B. „ZIP Viewer" oder „PDF Viewer". In vielen Fällen werden Sie sogar eine kostenlose Lösung finden. Auch für das Bearbeiten bzw. Erstellen von Dokumenten gibt es in vielen Fällen passende Apps. Diese sind allerdings häufig nur käuflich zu erwerben.

Mehr als ein Viewer vorhanden?

Wenn zu einem Dokumenttyp mehr als eine App installiert ist, fragt Android nach, welche der Apps Sie verwenden möchten. Tippen Sie zunächst auf die App, die Sie nutzen möchten, und entscheiden Sie dann, ob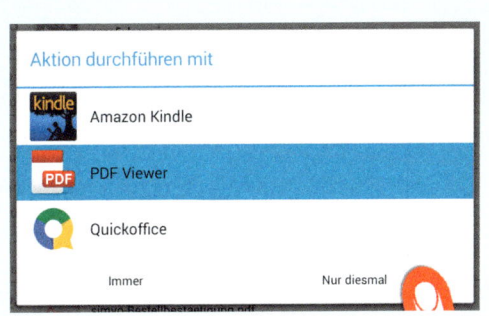

Sie diese App für Dateien dieses Typs *Nur diesmal* oder *Immer* verwenden möchten (siehe hierzu auch Seite 30).

E-Mails am Tablet erstellen und versenden

Um mit der Gmail-App eine neue Nachricht mit Ihrem Google-Konto zu versenden, tippen Sie in der App oben rechts auf das Briefumschlagsymbol. Damit öffnen Sie ein Formular, in dem Sie Ihre Mail verfassen können.

1 Füllen Sie im Formular zunächst die üblichen E-Mail-Daten wie Empfänger, Betreff und Inhalt aus.

2 Geben Sie dann im Feld darunter den eigentlichen Inhalt der Mail ein.

3 Möchten Sie eine Datei an die Mail anhängen, dann tippen Sie auf das Büroklammersymbol rechts neben der Betreffzeile und wählen die Datei aus.

4 Tippen Sie schließlich oben auf *Senden*, um die E-Mail abzuschicken.

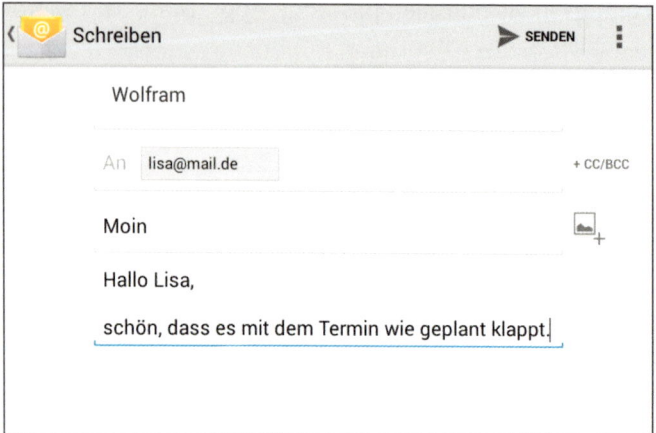

Adressen aus E-Mails als Kontakte speichern

Wenn Sie sich nicht immer an die E-Mail-Adressen Ihrer Bekannten erinnern und diese dann mühsam eintippen möchten, sollten Sie die Adressen als Kontaktinformationen hinterlegen. Das geht ganz einfach, wenn Sie eine Mail von jemandem erhalten haben.

1 Öffnen Sie die Nachricht und tippen Sie ganz oben im Feld mit der Absenderadresse links auf das Symbol.

2 Bestätigen Sie das Hinzufügen der Adresse zu Ihren Kontakten mit *OK*.

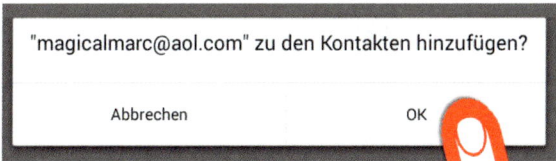

3 Anschließend können Sie wählen, ob Sie diese Adresse einem bereits bestehenden Kontakt hinzufügen oder dafür einen *Neuen Kontakt erstellen* möchten.

Wenn Sie in Zukunft eine E-Mail an diese Person schreiben möchten, brauchen Sie im E-Mail-Formular nur einen Teil ihres Namens einzugeben. Die App bietet Ihnen dann den passenden Kontakt an und Sie müssen diesen nur antippen, um die korrekte E-Mail-Adresse einzufügen.

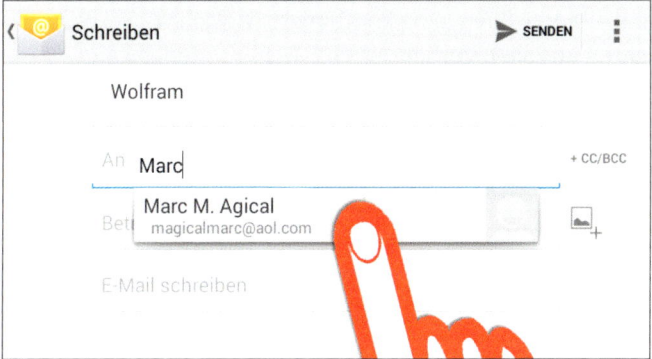

Neue Mails als Widget direkt auf der Startseite

Wenn Sie über neue E-Mails immer gleich auf dem Laufenden sein möchten, bietet sich ein Widget auf einer Startseite an. Dieses zeigt jeweils die neusten Mails an, sodass Sie keine Nachricht verpassen. Wie Sie Widgets prinzipiell auf dem Bildschirm platzieren, ist in Kapitel 1 beschrieben. Hier deshalb nur das Wichtigste für Ihre E-Mail-Widgets:

- Wenn Sie ein Gmail-Konto eingerichtet haben, verwenden Sie das Gmail-Widget. Es zeigt Ihnen automatisch die neusten Nachrichten Ihres Google-Postfachs an. Sollten Sie mehr als ein Google-Konto eingerichtet haben, können Sie in einem zweiten Schritt auswählen, welches der Konten dieses Widget anzeigen soll.

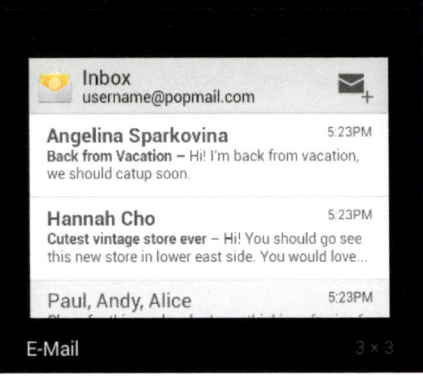

- Handelt es sich um ein anderes Postfach, verwenden Sie stattdessen das Widget E-Mail. Auch hier können Sie bei mehreren Konten auswählen, welche angezeigt werden sollen. Als Besonderheit haben Sie hier zudem die Möglichkeit, eine kombinierte Ansicht zu verwenden, die Nachrichten aus allen vorhandenen E-Mail-Konten anzeigt.

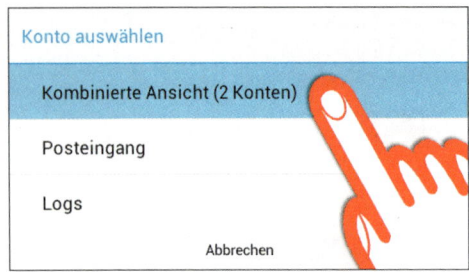

Mehr als ein Gmail-Widget

Das Gmail-Widget kann immer nur ein Mailkonto anzeigen. Falls Sie mehr als ein Google-Konto verwenden, können Sie aber einfach mehrere Gmail-Widgets auf Startseiten holen und jedem jeweils ein anderes Konto zuweisen. So haben Sie auch mehrere Gmail-Konten immer im Blick.

Das Tablet mit dem Onlinekalender synchronisieren

Wenn Sie Ihr Tablet mit einem Google-Konto verbunden haben, steht Ihnen auch ein Onlinekalender kostenlos zur Verfügung, der automatisch mit Ihrem Tablet abgeglichen wird.

1 In den *Einstellungen* unter *Konten* können Sie das Konto auswählen, dessen Synchronisierung Sie einstellen möchten. Neben Google-Konten werden hier auch andere Profile aufgeführt, z. B. wenn Sie die Dropbox-App auf Ihrem Tablet installiert haben.

2 Tippen Sie auf den Eintrag des Kontos, dessen Synchronisierungsdetails Sie ändern möchten.

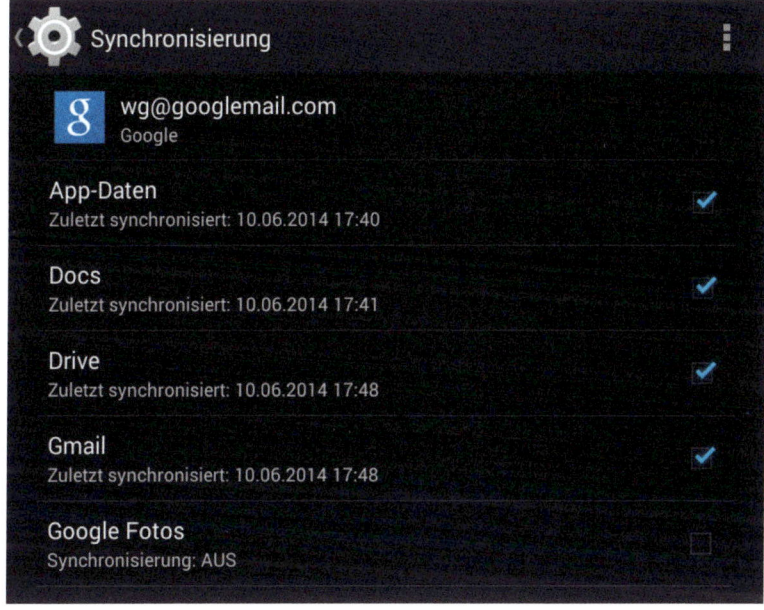

3 Im anschließenden Menü können Sie verschiedene Kategorien wie Mail, Fotos, Browser, Kalender und Kontakte jeweils nach Wunsch ein- oder ausschalten.

Den Google Kalender direkt nutzen

Sie können den Google Kalender nicht nur auf dem Tablet verwenden. Über die Webadresse http://www.google.com/calendar ist (nach Eingabe der Zugangsdaten) ein direkter Zugriff aus jedem Webbrowser möglich. Auch Kalenderanwendungen wie Sunbird, das Thunderbird-Plug-in Lightning oder Outlook können sich mit dem Google Kalender synchronisieren.

Termine direkt am Tablet eingeben

Um einen Termin zu erstellen, nutzen Sie die mitgelieferte Kalender-App. Sie zeigt Ihren Terminplan jederzeit auf dem Bildschirm an. Am oberen Bildschirmrand können Sie verschiedene Ansichten wie *Tag*, *Woche*, *Monat* oder eine ebenfalls recht praktische *Terminübersicht* wählen.

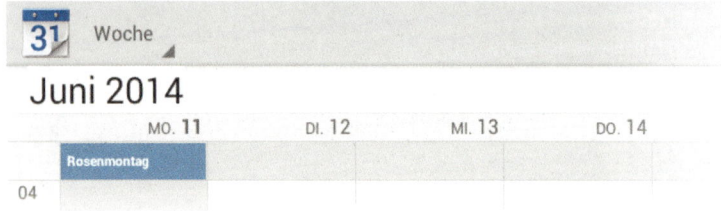

1 Um einen Termin anzulegen, benutzen Sie oben rechts die Schaltfläche mit dem Pluszeichen.

2 Im Formular können Sie ganz oben den Kalender wählen, in dem dieser Termin gespeichert werden soll. Das ist besonders wichtig, wenn Sie mehrere Kalender gleichzeitig verwenden (z. B. für private und berufliche Termine).

3 Darunter geben Sie bei *Was* den Grund für den Termin ein. Zusätzlich können Sie bei *Wo* den Ort hinterlegen.

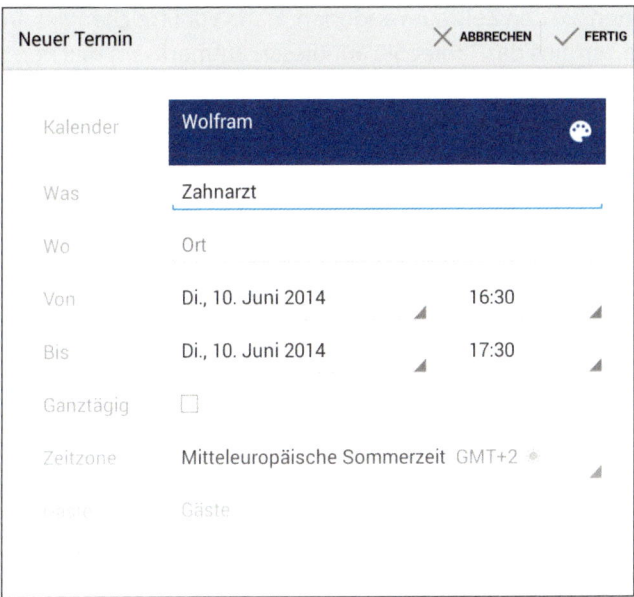

4 Bei *Von* und *Bis* wählen Sie Datum und Uhrzeit für die Dauer der Verabredung. Ist die Veranstaltung *Ganztägig*, werden die Uhrzeiten ausgeblendet.

5 Das reicht auch schon. Weitere Details wie *Gäste* und *Beschreibung* können Sie nach Bedarf ergänzen.

6 Klicken Sie dann oben rechts auf *Fertig*, um den Termin zu erstellen.

Pünktliche Erinnerung rechtzeitig vor dem Termin

Wie es sich für einen kompetenten Assistenten gehört, kann Ihr Android-Tablet Sie selbstverständlich an Termine erinnern bzw. Sie rechtzeitig darauf hinweisen.

1 Wenn Sie einen Termin erstellen oder bearbeiten, finden Sie unter anderem die Einstellung *Erinnerungen*.

2 Hier können Sie den Zeitraum angeben, wann vor Erreichen des angegebenen Termins das Tablet Sie auf diesen aufmerksam machen soll.

3 Wünschen Sie für einen Termin keine Erinnerung, dann entfernen Sie das Auswahlfeld durch Antippen des kleinen *x*-Symbols rechts daneben.

Wenn eine Erinnerung festgelegt ist, meldet sich Ihr Tablet bei Erreichen des Zeitraums je nach Einstellung mit akustischen Hinweisen und Meldungen auf dem Bildschirm.

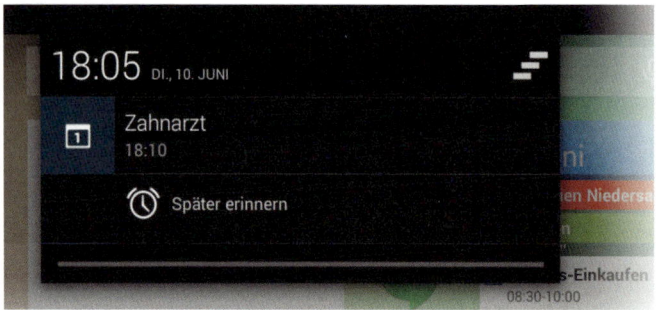

Mehr als eine Erinnerung

Sie können sich auch mehr als nur einmal erinnern lassen. So ist z. B. eine Erinnerung 24 Stunden vor einem Termin und dann nochmals 15 Minuten vorher möglich. Tippen Sie dazu unterhalb der Erinnerungseinstellung jeweils auf *Erinnerung hinzufügen*, um einen weiteren Hinweis hinzufügen und einstellen zu können.

Bessere Alternativen zur eingebauten Kalender-App

Die mitgelieferte Kalender-App funktioniert ganz gut, ist aber leider nicht sehr übersichtlich. Alternativen im Play Store bieten bessere Gestaltungsmöglichkeiten, z. B. die kostenlose App Calendar Pad, die gegenüber dem Standardkalender eine Reihe von Vorteilen aufweist:

- Insbesondere die gerne genutzte Wochenansicht ist wesentlich übersichtlicher.

- Die Farbcodes bei verschiedenen Kalendern kommen durch das Design besser zu Geltung.

- Das Aussehen des Kalenders lässt sich in vielen Details individuell festlegen und z. B. auf die Displaygröße anpassen.

- Calendar Pad bringt eine Suchfunktion mit, mit der Sie Termine schnell anhand von Themen oder Teilnehmern finden können.

- Mit der GoTo-Funktion können Sie beliebige Daten direkt ansteuern.

- Calendar Pad lässt sich auch als Widget auf einer Startseite platzieren.

Alternative Kalender-Apps und der Google Kalender

Alternative Kalender-Apps verwenden denselben internen Kalender, der auch mit dem Google-Konto synchronisiert wird. Sie können also beliebig verschiedene Kalender-Apps anstelle oder zusätzlich zur Standard-App einsetzen. Alle Änderungen wirken sich in allen Apps aus und werden auch mit dem Google-Onlinekalender synchronisiert.

Den Kalender als Widget direkt auf einer Startseite

Neben der Kalender-App bietet sich ein Widget an, mit dem Sie die nächsten anstehenden Termine direkt auf einer Startseite immer im Blick haben. Hierfür gibt es diverse Angebote im Play Store. Wenn Sie z. B. die gerade vorgestellte App Calendar Pad verwenden, bekommen Sie ein flexibel einsetzbares Widget mit dazu.

1 Wählen Sie eine Startseite aus, auf der ausreichend freier Platz zur Verfügung steht.

2 Öffnen Sie die App-Übersicht und wechseln Sie dort in die Rubrik *Widgets*.

3 Wählen Sie in der Liste der Widgets ein geeignetes Kalender-Widget aus. Calendar Pad z. B. bringt gleich mehrere Widgets in verschiedenen Größen mit, die sich dem verfügbaren Platz anpassen. Halten Sie das Widget gedrückt, bis Sie es auf der Startseite positionieren und loslassen können.

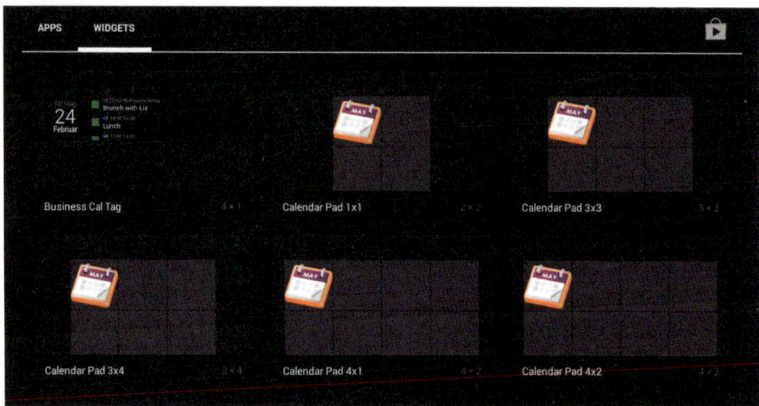

4 Bei den größeren Widgets können Sie nach dem Platzieren noch auswählen, was diese genau anzeigen sollen, also z. B. die Wochenübersicht oder den aktuellen Monat.

5 Tippen Sie dann auf *Done*, um das Widget auf die Startseite zu holen.

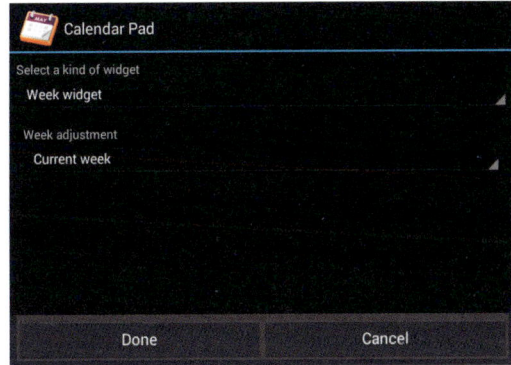

Die besten Tipps für E-Mail, Kalender & Co.

Beliebige Postfächer per Push sofort aufs Tablet holen

Für Mobilgeräte eignet sich besonders die Push-Mail-Option: Hierbei muss der Posteingang nicht regelmäßig abgefragt werden, sondern der Mailserver benachrichtigt das Mobilgerät selbstständig, wenn neue Nachrichten vorhanden sind. Ein Gmail-Konto von Google nutzt diese Funktion automatisch. Mit einem Trick können Sie aber jedes beliebige E-Mail-Konto auf Ihr Tablet „pushen".

1 Öffnen Sie im Webbrowser (am PC) die Seite mail.google.com und melden Sie sich mit den Zugangsdaten Ihres Google-Kontos an.

2 Öffnen Sie oben rechts die *Einstellungen* und wechseln Sie dort in die Rubrik *Konten und Import*.

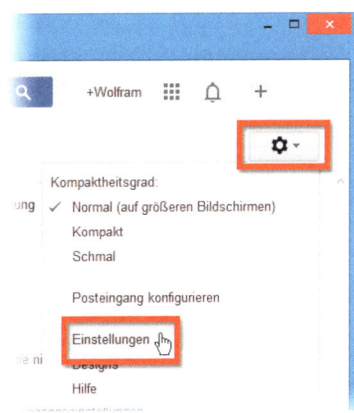

3 Klicken Sie im Bereich *E-Mails per POP3 aus anderen Konten abrufen* auf *Vorhandenes POP3-E-Mail-Konto hinzufügen.*

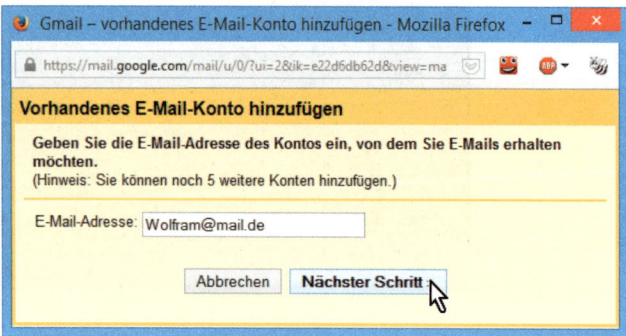

4 Geben Sie im anschließenden Assistenten die Zugangsdaten für den Abruf Ihres E-Mail-Kontos ein.

Google wird das angegebene E-Mail-Konto ab sofort regelmäßig abrufen. Neue Nachrichten werden dann über das Gmail-Konto per Push auf Ihr Tablet übermittelt. Dort können Sie sie mit der Gmail-App lesen.

Nie mehr den Hochzeitstag vergessen: frühzeitig Hinweise auf Geburts- und andere Jahrestage

Eine zuverlässige Erinnerung an wichtige Jahrestage ist eine praktische Hilfe, um peinliche Momente zu vermeiden. Mit dem Android-Kalender können Sie jährlich wiederkehrende Termine festlegen und sich rechtzeitig daran erinnern lassen.

1 Erstellen Sie einen neuen Termin mit dem entsprechenden Text.

2 Setzen Sie das Häkchen bei *Ganztägig* und geben Sie den Termin des Jubiläums an.

3 Tippen Sie dann weiter unten auf das Feld *Wiederholung* und legen Sie im damit geöffneten Auswahlmenü als Wiederholungsintervall *Jährlich* fest.

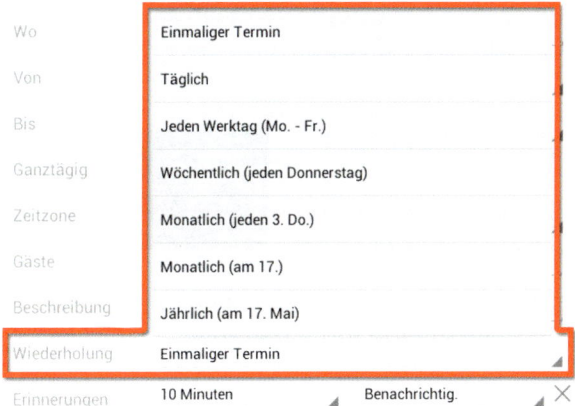

4 Direkt darunter können Sie eine Erinnerung festlegen, die Sie z. B. 24 Stunden vorher erinnert.

5 Müssen Sie noch ein Geschenk besorgen oder etwas vorbereiten, können Sie eine zweite *Erinnerung hinzufügen* und diese z. B. auf eine Woche vorher festlegen.

Kontakte mit aussagekräftigen Bildern versehen

Neben zahlreichen Informationen können Sie zu jedem Kontakt ein Bild hinterlegen. Dieses macht das Heraussuchen der Kontaktdaten einfacher und schneller, da Sie in der Liste einfach nur das passende Bild zu finden brauchen.

1 Öffnen Sie einen Kontakt zum Bearbeiten und tippen Sie neben dem Namen auf das (leere) Bildsymbol.

2 Wählen Sie dann, ob Sie mit der Kamera ein *Foto machen* oder ein bereits vorhandenes *Foto aus Galerie auswählen* möchten.

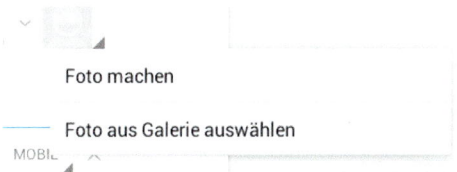

3 Wenn Sie sich für das Machen entscheiden, wird anschließend automatisch die Kamera gestartet, und Sie können damit ein Foto der Person knipsen.

4 Nach der Aufnahme sehen Sie das Bild und entscheiden, ob Sie dieses mit *Fertig* übernehmen oder mit *Abbrechen* einen erneuten Versuch starten möchten.

5 Schließlich sehen Sie eine Vorschau des Bildes und können mit dem Kästchen den genauen Ausschnitt für das Kontaktbild wählen. Das Kästchen lässt sich verschieben sowie in der Größe verändern, wenn Sie genau auf den Rahmen tippen.

6 Tippen Sie schließlich oben rechts auf *Zuschneiden*, um den gewählten Ausschnitt endgültig als Kontaktbild zu übernehmen.

9. Cloud-Sync – Ihre Daten online sicher mit PC & Co. abgleichen

Die Cloud ist das neue Schlagwort der digitalen Welt. Daten werden nicht mehr auf Festplatten und USB-Sticks gespeichert, sondern über die permanente Internetverbindung in einem Onlinespeicher, der immer, überall und für alle Geräte zur Verfügung steht. So lassen sich Daten auch problemlos vom Tablet auf den PC oder umgekehrt übertragen. Wem das zu futuristisch ist, der kann aber auch klassische Wege gehen und z. B. ein USB-Kabel oder das lokale WLAN verwenden, um Fotos oder Videos vom Tablet zu holen.

- Wie kann ich Dateien zwischen Tablet und PC ganz einfach austauschen? ▸▸ Seite 161

- Lassen sich Datenbestände zwischen PC und Tablet automatisch synchronisieren? ▸▸ Seite 163

- Kann ich ganz ohne spezielle Hard- und Software per WLAN auf mein Tablet zugreifen? ▸▸ Seite 166

- Wie nutze ich Onlinespeicher zum Übertragen von Dateien? ▸▸ Seite 169

- Kann ich die Datenbestände auf verschiedenen Geräten via Cloud vollautomatisch synchronisieren? ▸▸ Seite 171

- Lassen sich die Daten und Einstellungen von Firefox auf verschiedenen Geräten per Cloud auf dem gleichen Stand halten? ▸▸ Seite 168

Wichtige Dateien direkt per USB-Kabel überspielen

Die Cloud ist eine feine Sache, aber nicht immer wirklich sinnvoll. Wenn Sie z. B. ein Video oder gleich mehrere Bilder mit dem Tablet aufgenommen haben, wäre es Unsinn, diese ganzen Daten erst auf irgendeinen Internetserver hochzuladen, nur um sie dann gleich wieder auf den PC herunterzuladen. Das geht direkter, da die meisten Tablets über einen USB-Anschluss verfügen. Oft reicht ein einfaches USB-Kabel mit einem normalen und einem Mini-USB-Anschluss, teilweise liegen Tablets auch spezielle USB-Kabel bei.

1 Stecken Sie das USB-Kabel in die passende Buchse Ihres Tablets und das andere Ende in den PC. Geben Sie beiden Geräten kurz Zeit, um sich zu sortieren. Insbesondere bei der ersten Verbindung muss der PC meist erst noch ein paar Standardtreiber installieren und aktivieren.

2 Am Tablet wird nach kurzer Zeit in der Statusleiste ein Verbindungssymbol angezeigt. Durch das Antippen des Symbols und anschließend der Benachrichtigung zu den USB-Optionen erreichen Sie direkt die Einstellungen für den USB-Anschluss.

3 Hier können Sie festlegen, wie sich das Tablet beim PC anmelden soll:

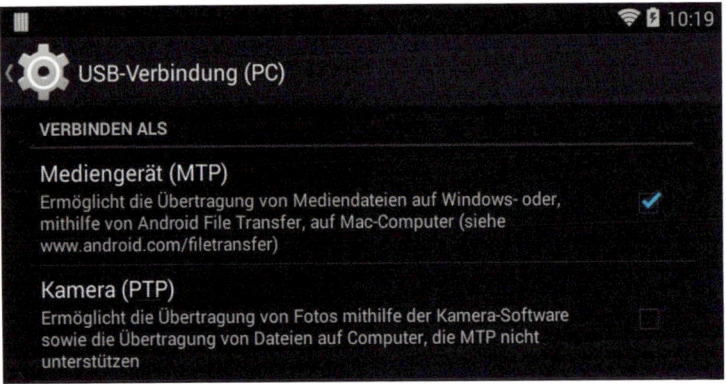

■ Mit *Mediengerät (MTP)* wird der Speicher des Tablets als einfaches Wechselspeichermedium wie z. B. ein USB-Stick angemeldet. Damit erreichen Sie eine große Kompatibilität mit anderen Geräten und können etwa über den Windows-Explorer beliebig Dateien suchen und austauschen.

- Wollen Sie Fotos übertragen, können Sie auch den Modus *Kamera (PTP)* ausprobieren, der wie bei einer Digitalkamera besonders für den Bildimport geeignet ist, dafür aber nicht bei allen Geräten funktioniert.

Am PC meldet sich das Tablet wie andere Wechselspeichermedien an und wird dementsprechend behandelt. Besondere Programme sind dafür nicht erforderlich. Wie genau mit den Daten umgegangen werden soll, lässt sich jeweils auswählen bzw. hängt von den Voreinstellungen von Windows ab (in der *Systemsteuerung* unter *Automatische Wiedergabe*).

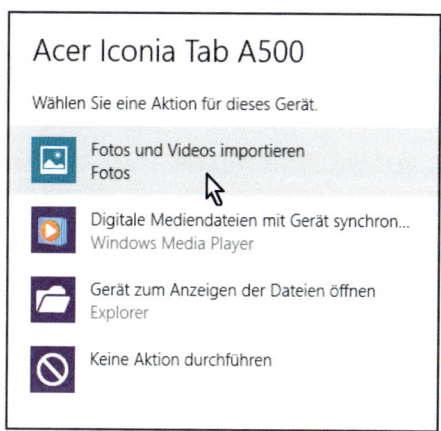

Die Gerätedaten direkt mit dem PC abgleichen

Wenn Sie nicht nur hin und wieder Dateien vom Tablet herunterladen möchten, sondern größere Datensammlungen wie etwa Musik, Hörbücher oder E-Books regelmäßig zwischen PC und Tablet synchronisieren möchten, empfiehlt sich ein spezielles Programm zum Datenabgleich. Aufgrund der Einbindung als USB-Speichermedium stehen Ihnen hierzu zahlreiche Programme z. B. für Windows-PCs zur Auswahl. Ans Herz legen möchte ich Ihnen allerdings das kostenlose MyPhoneExplorer, das speziell für Smartphones entwickelt wurde, aber auch Android-Tablets optimal unterstützt.

1 Um eine Verbindung zwischen Tablet und PC z. B. per WLAN herzustellen, starten Sie zunächst die MyPhoneExplorer-App auf dem Tablet.

2 Starten Sie dann die Anwendung auf dem PC.

MyPhoneExplorer – PC-Anwendung und Android-App

Um MyPhoneExplorer nutzen zu können, installieren Sie auf dem Windows-PC die PC-Anwendung, die Sie unter www.fjsoft.at kostenlos herunterladen können. Auf dem Tablet muss außerdem die MyPhoneExplorer-App installiert werden, die Sie ebenfalls kostenlos im Play Store finden. Die beiden Programme können über USB, Bluetooth oder WLAN miteinander kommunizieren und Ihre Daten synchronisieren.

3 Rufen Sie dort *Datei/Einstellungen* auf.

4 Wählen Sie in der Rubrik *Verbindung* oben die Option *Handy mit Google Android-Betriebssystem*. Wählen Sie im Feld darunter *WLAN* (bzw. die bevorzugte Verbindungsart).

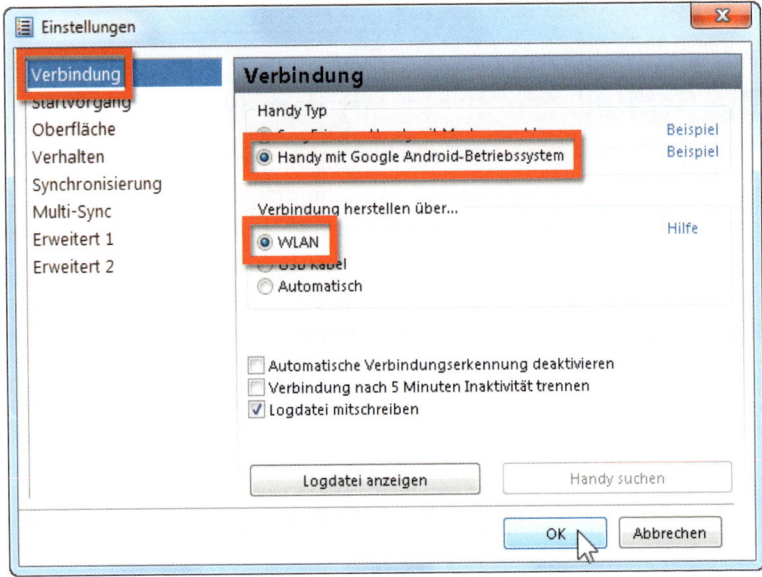

5 Klicken Sie dann unten auf *OK*.

Die anderen Verbindungsmethoden funktionieren dementsprechend, nur dass dabei zunächst die USB-Verbindung hergestellt werden muss bzw. die beiden Geräte per Bluetooth gekoppelt werden müssen.

Termine, Kontakte und mehr synchronisieren

Ist die Verbindung zwischen PC und Tablet via MyPhoneExplorer hergestellt, können Sie beliebige Synchronisierungen durchführen lassen:

- Unter *Kontakte* haben Sie Zugriff auf die gespeicherten Kontaktdaten.

- Hinter dem Punkt *Organizer* verbergen sich die Termine. Sie können direkt am Bildschirm angezeigt und bearbeitet werden.

- *Anruflisten* und *SMS* bieten Ihnen Zugriff auf die hierzu gespeicherten Daten des Mobilgerätes, wobei dies eher für Smartphones von Interesse ist.

- *Dateien* erlaubt den direkten Zugriff auf die gespeicherten Dateien. Besonders praktisch: Für den regelmäßigen Datenabgleich lassen sich Profile definieren, die diese Aufgabe vollautomatisch erledigen (siehe hierzu den Tipp auf Seite 173).

- Unter *Sonstiges* können Sie die technischen Daten des Tablets wie z. B. den Akkustand und den Speicherstatus überwachen

Mit AirDroid jederzeit völlig unkompliziert auf Ihr Tablet zugreifen

Nicht immer lässt sich eine direkte Verbindung zwischen Tablet und PC realisieren. Etwa wenn unterwegs bei einem Bekannten das USB-Kabel fehlt oder bei einem Kunden eine direkte Verbindung keine Option ist. Auch die Cloud hilft nicht weiter, wenn dazu erst passende Software installiert werden muss.

Die App AirDroid ist für solche Fälle das ultimative Mittel. Sie aktiviert auf Ihrem Tablet einen einfachen Webserver, der über das lokale WLAN-Netzwerk zugänglich ist. Jeder PC im selben Netzwerk kann einfach über den Webbrowser darauf zugreifen und etwa Dateien vom Tablet herunterladen. Selbstverständlich ist der Zugang mit einem Passwort gesichert.

1 Wenn Sie die kostenlose AirDroid-App aus dem Play Store installiert haben, brauchen Sie diese lediglich zu starten.

2 Der Webserver wird dann direkt aktiviert, und Sie können auf dem Bildschirm Ihres Tablets die Adresse ablesen, die Sie nur im Webbrowser eines anderen PCs einzutippen brauchen. Meist geht es auch einfach über web.airdroid.com (Achtung: *web* und nicht *www*!).

3 Im Browser wird dann die Anmeldeseite des Webbrowsers angezeigt. Hier tippen Sie nur noch das Passwort ein, das Sie ebenfalls auf dem Bildschirm des Tablets ablesen können.

4 Anschließend stellt Ihnen der AirDroid-Server eine bequeme Weboberfläche zur Verfügung, mit der Sie alle wesentlichen Daten und Funktionen Ihres Android-Gerätes erreichen können. Fotos und Videos etwa können Sie mit der Downloadfunktion des Webbrowsers einzeln oder komplett auf den lokalen PC herunterladen.

Firefox–Sync – Lesezeichen, Verlauf und Kennwörter abgleichen

Wenn Sie die Mobilversion von Firefox auf Ihrem Android-Tablet einsetzen und Firefox gleichzeitig auch auf dem Desktop-PC nutzen, können Sie sich die Cloud sinnvoll zunutze machen. Mit der Sync-Funktion von Firefox lassen sich Lesezeichen und andere wichtige Daten wie gespeicherte Pass-

wörter, Chroniken und Einstellungen automatisch zwischen verschiedenen Firefox-Browsern austauschen. An dieser Stelle gehe ich davon aus, dass Sie mit dem Desktop-Firefox bereits eine Synchronisierung eingerichtet haben. Dieser können Sie nun mit dem mobilen Firefox beitreten. Dazu benötigen Sie sowohl Tablet als auch Desktop-PC nebeneinander.

1 Starten Sie am Tablet den mobilen Firefox, öffnen Sie oben rechts dessen Menü und tippen Sie dort auf *Einstellungen*.

2 Wählen Sie in den Optionen den Bereich *Sync* und beginnen Sie die Anmeldung für den Synchronisierungsdienst.

3 Richten Sie hier nun ein Synchronisierungskonto für Firefox ein, indem Sie eine E-Mail-Adresse und ein Passwort dafür angeben. Diese müssen Sie anschließend einmal bestätigen.

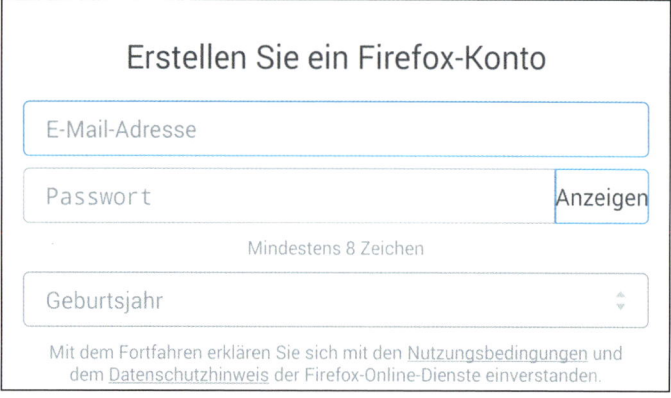

4 Mit der Option *Zu synchronisierende Daten auswählen* können Sie auswählen, was genau zwischen Ihren Firefox-Browsern auf Android-Gerät(en) und PC abgeglichen werden soll.

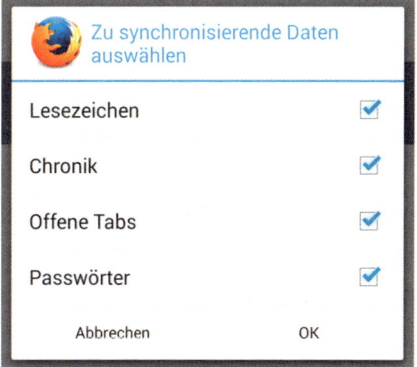

5 Nun wird die Verbindung hergestellt und Firefox beginnt direkt damit, die Synchronisierungsdaten herunterzuladen. Gerade beim ersten Mal kann das ein wenig dauern. Aber es passiert stets unauffällig im Hintergrund. Sie können den Dialog also einfach schließen und weitermachen.

Ab sofort gleichen alle Firefox-Installationen, die mit diesem Synchronisierungskonto verbunden sind, ihre Daten regelmäßig ab. Wenn Sie also z. B. auf dem PC ein neues Lesezeichen anlegen, finden Sie es kurze Zeit später auch auf dem Tablet vor und umgekehrt.

Einen gemeinsamen Onlinespeicher für alle Geräte nutzen

Verschiedene Anbieter stellen mittlerweile kostenlos Onlinespeicherplatz zur Verfügung. Google Drive ist nur ein Beispiel dafür. Es zeichnet sich dadurch aus, dass es eine große Auswahl an Geräten unterstützt. So sind Google-Drive-Programme für alle gängigen Desktop-PCs und viele Mobilgeräte erhältlich. Und notfalls ist immer der Zugriff per Webbrowser möglich.

Außerdem haben Sie für Ihr Android-Tablet vermutlich ohnehin schon ein Google-Konto eingerichtet, mit dem Sie Google Drive nutzen können. Ein Onlinespeicher wie Google Drive ermöglicht einfaches Austauschen von Daten via Cloud. Bilder, Videos oder sonstige Dateien speichern Sie auf einem Gerät in Google Drive und können sie dann auf jedes andere Gerät, das mit demselben Google Drive verbunden ist, herunterladen.

1 Laden Sie die App Google Drive aus dem Play Store herunter und starten Sie diese.

2 Ist Ihr Tablet bereits mit einem Google-Konto verbunden (siehe Kapitel 3), wird dieses automatisch dafür verwendet. Beim ersten Start brauchen Sie deshalb nur noch einen kurzen Assistenten zu absolvieren.

3 Dann zeigt Ihnen die App sofort den Inhalt Ihres Google Drive. Unter *Meine Ablage* sehen Sie, welche Dateien Sie bereits auf das Cloud-Laufwerk hochgeladen haben. Hier können Sie die Dateien auch herunterladen und nutzen.

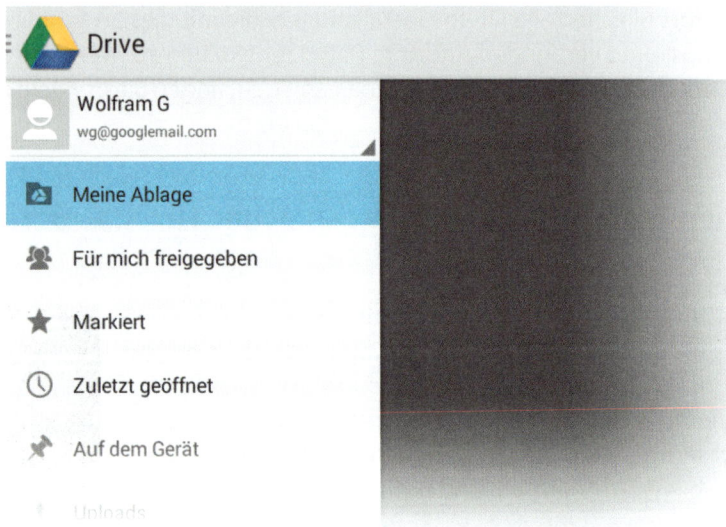

4 Möchten Sie dauerhaft eine lokale Kopie einer Datei auf dem Tablet zur Verfügung haben, verwenden Sie die Funktion *Auf diesem Gerät speichern*. Sie finden solche Dateien dann in der Kategorie *Auf dem Gerät*, selbst wenn das Tablet mal keinen Zugang zum Internet und somit zu Google Drive haben sollte.

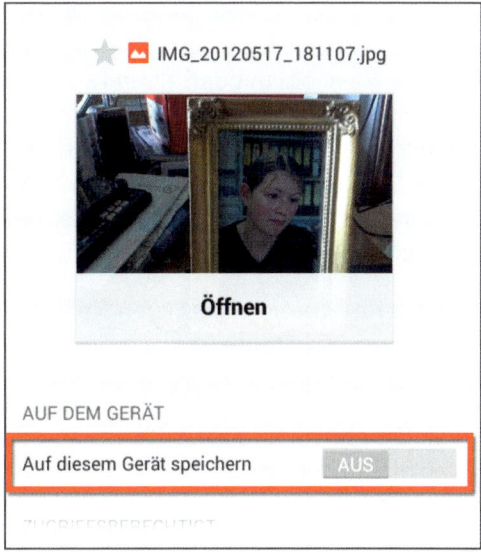

Um von Ihrem Tablet Dokumente auf Google Drive hochzuladen, verwenden Sie einfach die Teilen-Funktion. Ist Google Drive installiert, finden Sie im Teilen-Menü (siehe Seite 185) einen Eintrag dafür und können Bilder, Videos und andere Dateien auf diese Weise jederzeit unkompliziert online speichern.

Dateien mit Dropbox stets auf allen Geräten verfügbar

Der Dropbox-Dienst ähnelt auf den ersten Blick Onlinelaufwerken wie Google Drive. Allerdings liegt der Schwerpunkt bei dieser Variante auf dem automatischen Synchronisieren. Auch Dropbox können Sie am PC und auf verschiedenen Mobilgeräten verwenden.

Wenn Sie auf einem Gerät eine Datei in Ihrem Dropbox-Ordner speichern, wird sie bei nächster Gelegenheit automatisch auf alle anderen Geräte übertragen, die mit derselben Dropbox verbunden sind. Sie müssen Dateien also nicht jedes Mal manuell hoch- und herunterladen, sondern das automatische Synchronisieren sorgt dafür, dass Sie stets überall dieselben Dokumente in der aktuellsten Version als lokale Datei vorfinden. Das verursacht zwar etwas mehr Datenverkehr, ist aber je nach Anwendungszweck komfortabler.

1 Auch für Dropbox installieren Sie eine gleichnamige kostenlose App aus dem Play Store.

2 Beim ersten Start geben Sie die E-Mail-Adresse und das Kennwort für Ihr Dropbox-Konto ein. Sollten Sie noch keines haben, können Sie es an dieser Stelle mit einem Klick auf den entsprechenden Link kostenlos erstellen.

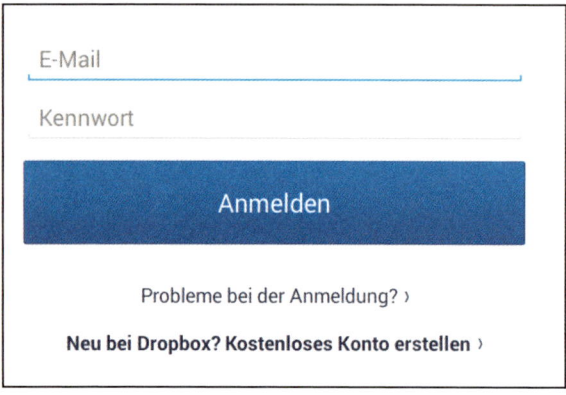

3 Nun müssen Sie nur noch die kurze Einführung zur Kenntnis nehmen und gegebenenfalls etwas warten, während Dropbox die erste Synchronisierung von Dateien mit Ihrem Tablet durchführt.

4 Anschließend finden Sie in der Dropbox-App die Struktur der synchronisierten Daten vor. Die Ordner *Photos* und *Public* legt Dropbox automatisch an. Sie können allerdings auch weitere Ordner erstellen und Ihre Dokumente so strukturieren.

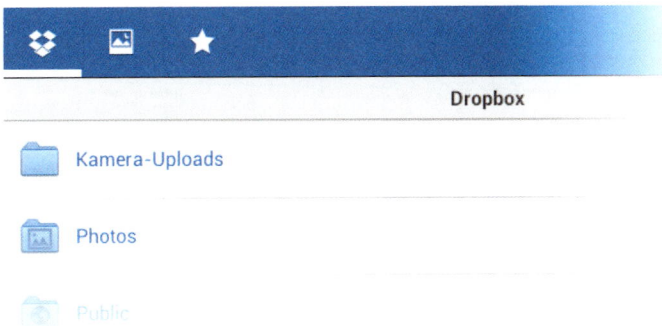

Um Dokumente in Ihre Dropbox hochzuladen, können Sie ebenfalls die App verwenden. Oder aber Sie nutzen, wie auf Seite 185 beschrieben, die Teilen-Funktion Ihres Tablets. Wenn die Dropbox-App installiert ist, finden Sie im Menü auch einen Dropbox-Eintrag, über den Sie jede beliebige Datei jederzeit schnell hochladen können.

Die besten Tipps zum Synchronisieren Ihres Tablets

Das Synchronisieren von Dateien im Detail steuern

Wenn Sie MyPhoneExplorer nutzen, um Dateien mit Ihrem PC zu synchronisieren, können Sie dies über Jobs ganz genau steuern.

1 Öffnen Sie dazu auf dem PC mit *Datei/Einstellungen* die *Optionen* und wechseln Sie dort in die Kategorie *Multi-Sync*.

2 Klicken Sie hier unten rechts auf *Anpassen* und konfigurieren Sie im anschließenden Dialog die Synchronisierungsdetails.

3 Dazu geben Sie einen Ordner auf dem PC und einen auf dem Tablet an. Zusätzlich können Sie die Richtung und den Modus wählen, also

etwa, ob geänderte Dateien im Zielordner überschrieben werden sollen oder nicht. Filter sorgen dafür, dass z. B. nur Bilder oder Musikdateien berücksichtigt werden.

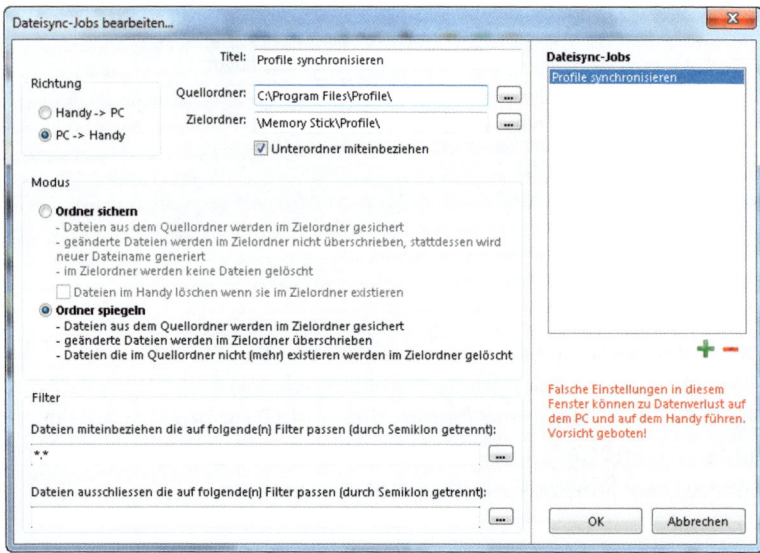

4 Steht die Verbindung zwischen PC und Tablet, können Sie die definierten Jobs über die *Synchronisieren*-Schaltfläche jederzeit ausführen.

Automatisch synchronisieren

In der Kategorie *Multi-Sync* der MyPhoneExplorer-Einstellungen können Sie auch festlegen, dass z. B. beim Herstellen der Verbindung zwischen PC und Tablet die festgelegten Synchronisierungsjobs automatisch durchgeführt werden sollen. Aktivieren Sie dazu die Optionen *wenn Verbindung ... hergestellt wurde* sowie ganz unten *Dateien abgleichen*. Mit *Jobs auswählen* können Sie dann festlegen, welche der Jobs automatisch ausgeführt werden sollen.

Fotoschnappschüsse automatisch in die Dropbox hochladen

Die Dropbox-App bietet eine praktische Funktion, um alle Bilder, die Sie mit Ihrem Tablet fotografieren, automatisch immer gleich zu Ihrer Dropbox hochzuladen. So landen alle Schnappschüsse automatisch auf Ihrem PC, ohne dass Sie einen weiteren Handschlag machen müssten.

1 Tippen Sie in der Dropbox-App oben rechts auf das Menüsymbol und wählen Sie im Menü den Punkt *Einstellungen*.

2 Tippen Sie in den Optionen im Bereich *Kamera-Upload* auf *Kamera-Upload aktivieren*.

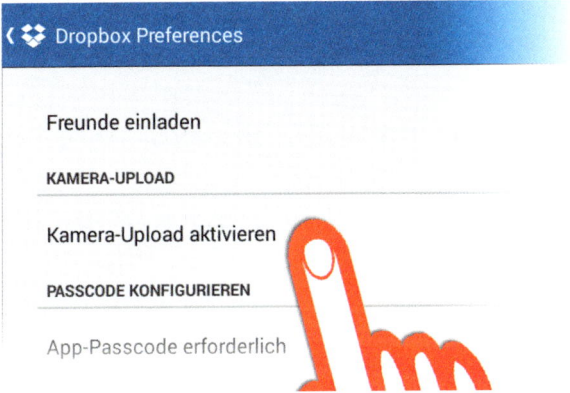

3 Anschließend können Sie wählen, ob Sie auch gleich alle bereits vorhandenen Fotos und Videos hochladen möchten.

4 Tippen Sie dann auf *Einschalten*, um die Funktion zu aktivieren. Ab sofort legt Dropbox alle mit der Tablet-Kamera geknipsten Bilder automatisch im Ordner *Kamera-Uploads* ab.

10. Social Media per Fingertipp – Facebook, Twitter & Co. nutzen

Wer intensiv an sozialen Netzwerken teilnimmt, will das nicht nur am PC tun, sondern jederzeit und überall – ob nun bequem auf dem Sofa oder von unterwegs. Ein Android-Tablet bringt dafür alle Voraussetzungen mit und verbindet Sie dank der richtigen Apps permanent mit Ihren Onlinefreunden.

- Wie kann ich Twitter-Nachrichten auf meinem Tablet jederzeit verfolgen? ≫ Seite 177

- Wie kann ich eigene Tweets von unterwegs veröffentlichen? ≫ Seite 180

- Wie kann ich aktuelle Facebook-Informationen mobil abrufen? ≫ Seite 181

- Wie kann ich Statusmeldungen von unterwegs an mein Facebook-Profil senden? ≫ Seite 182

- Wie kann ich Bilder von meinem Tablet direkt bei Twitter, Facebook & Co. veröffentlichen? ≫ Seite 183

- Wie kann ich neue Beiträge in meinem Blog direkt am Tablet erstellen und veröffentlichen? ≫ Seite 187

Immer auf dem Laufenden: Twitter auf dem Tablet nutzen

Twitter gehört für viele Nutzer inzwischen zum Alltag. Die kurzen Nachrichten halten Sie auf dem Laufenden und machen auf interessante Neuigkeiten aufmerksam. Mit der Twitter-App für Android bekommen Sie das alles auf Ihr Tablet. Diese Anwendung meldet neue Tweets, und selbstverständlich können Sie damit auch selbst Meldungen veröffentlichen.

1 Tippen Sie beim ersten Start des Programms oben auf *Anmelden*. Sollten Sie noch kein Twitter-Konto haben, können Sie an dieser Stelle auch eines registrieren.

2 Geben Sie dann Ihren Twitter-Nutzernamen und das dazugehörige Passwort ein.

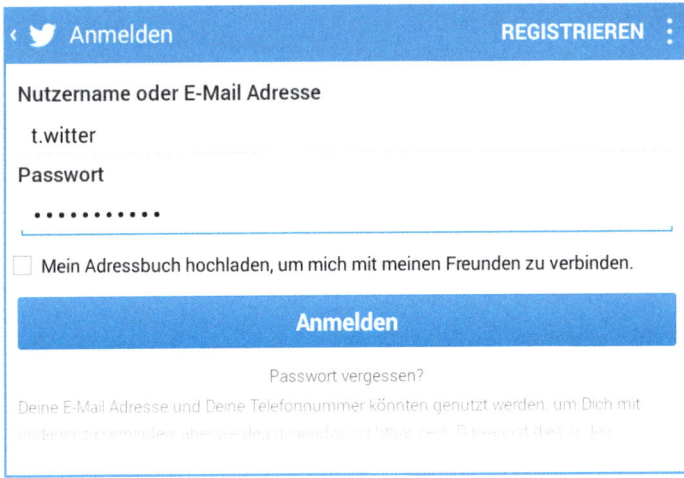

3 Tippen Sie darunter auf *Anmelden*.

4 Die App meldet sich mit den Daten an und merkt sich diese. Sie brauchen sie in Zukunft also nicht immer wieder einzugeben.

5 Außerdem bezieht die App Ihre aktuellen Tweets und zeigt sie auf dem Bildschirm an.

Neue Tweets auf dem Tablet sofort empfangen

Mit der Twitter-App bleiben Sie ständig auf dem Laufenden. Das Programm prüft in regelmäßigen Abständen, ob neue Tweets für Sie vorliegen, und meldet diese.

1 Öffnen Sie in der Twitter-App mit dem Menüsymbol oben rechts die *Einstellungen*.

2 Wählen Sie dort das zuvor eingerichtete Twitter-Konto aus (falls Sie mehr als ein Twitter-Konto verwenden).

3 Bei *Mitteilungen* öffnen Sie ein Untermenü, in dem Sie detailliert festlegen können, bei welchen Arten von Mitteilungen Sie wie benachrichtigt werden möchten.

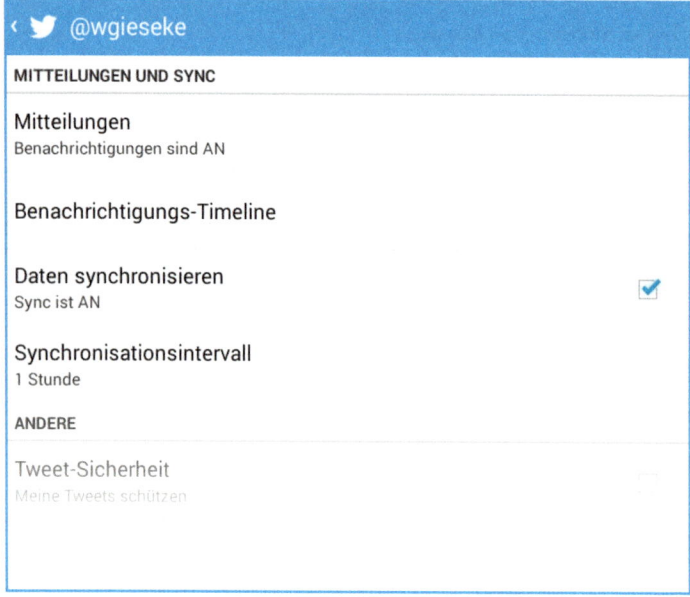

4 Mit *Daten synchronisieren* können Sie die Aktualisierung insgesamt ein- und ausschalten, um z. B. Onlinekosten zu sparen.

5 Bei *Synchronisationsintervall* legen Sie fest, wie häufig die App neue Daten abrufen soll.

Haben Sie *Benachrichtigungen* aktiviert, macht Ihr Tablet Sie automatisch darauf aufmerksam, wenn Neuigkeiten vorliegen:

1 In der Statusleiste wird ein Twitter-Symbol angezeigt, wann immer neue Twitter-Benachrichtigungen vorhanden sind.

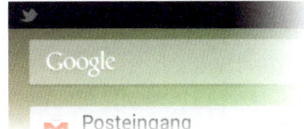

2 Wenn Sie mit dem Finger auf das Symbol tippen, finden Sie in der Benachrichtigungsübersicht etwa die Anzahl der neuen Tweets.

3 Tippen Sie auf die Benachrichtigung und starten Sie die Twitter-App, die Ihnen den bzw. die aktuellen Tweets komplett anzeigt. Der bzw. die neusten stehen jeweils ganz oben in der Liste.

4 Hier können Sie auch direkt auf enthaltene Links klicken, um Webseiten oder Bilder anzeigen zu lassen.

5 Nach dem Lesen können Sie die Twitter-App einfach schließen. Die Benachrichtigung in der Symbolleiste wird ausgeblendet und erscheint erst wieder, wenn es neue Tweets gibt.

Eigene Nachrichten jederzeit schnell twittern

Mit der Twitter-App können Sie selbstverständlich auch selbst Tweets erstellen und veröffentlichen.

1 Tippen Sie dazu in der Twitter-App oben rechts auf das Schreiben-Symbol. In Längsausrichtung finden Sie stattdessen am unteren Rand die Zeile *Was gibt's Neues?*

2 Nun können Sie direkt Ihre Nachricht in das Eingabefeld eingeben. Unten können Sie zusätzliche Elemente wie Bilder oder Ihren Standort in den Tweet einfügen.

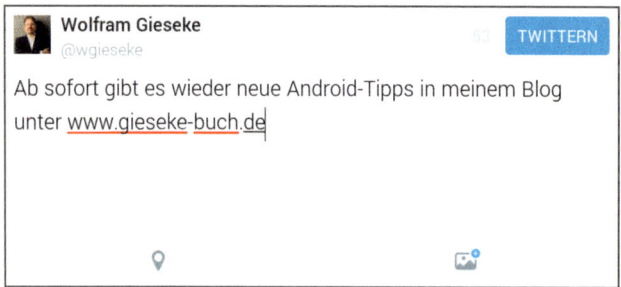

3 Tippen Sie schließlich oben rechts auf *Twittern*, um die Nachricht zu veröffentlichen.

Twitter als Widget auf dem Bildschirm

Wenn Sie die Twitter-App installiert haben, können Sie auch ein Twitter-Widget in eine Startseite einfügen. Dieses zeigt ständig die neusten 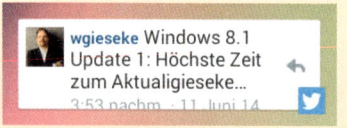 Tweets an und bringt auch ein Eingabefeld mit, in dem Sie jederzeit direkt eigene Tweets erstellen und veröffentlichen können.

Mit Facebook auf dem Tablet stets auf dem Laufenden

Auch für das beliebte Facebook-Netzwerk gibt es eine eigene „offizielle" App (sowie diverse Alternativen anderer Anbieter im Play Store). Sie stellt Ihnen die wichtigsten Facebook-Funktionen direkt auf Ihrem Tablet bereit.

1 Geben Sie beim ersten Start der App die E-Mail-Adresse und das Passwort an, mit denen Sie bei Facebook registriert sind.

2 Tippen Sie dann auf *Anmelden*, um die App mit Ihrem Facebook-Konto zu verbinden.

3 Nehmen Sie die Tipps nach der Anmeldung gegebenenfalls zur Kenntnis oder überspringen Sie die vorgeschlagenen Schritte mit *Jetzt nicht*.

4 Die App lädt dann direkt die aktuellen Neuigkeiten, wie Sie sie auch auf der Startseite des Facebook-Webangebots vorfinden würden. So sieht es in Zukunft bei jedem Start der App aus.

5 Durch Antippen des Menüsymbols oben rechts öffnen Sie das Hauptmenü, das Ihnen die wesentlichen Facebook-Funktionen zur Verfügung stellt.

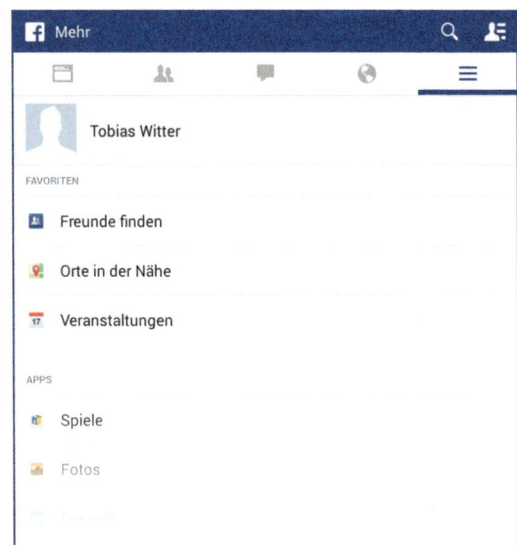

6 Liegen persönliche Benachrichtigungen für Sie vor, erkennen Sie dies sofort in der Leiste ganz oben auf dem Bildschirm. Hier können Sie Nachrichten auch einfach per Antippen abrufen.

Status–Updates jederzeit und überall rausschicken

Mit der Facebook-App können Sie auch jederzeit selbst Informationen wie z. B. Status-Updates veröffentlichen.

1 Wechseln Sie in der Facebook-App ganz nach links zu den Neuigkeiten. Hier finden Sie unten die Schaltfläche *Status*.

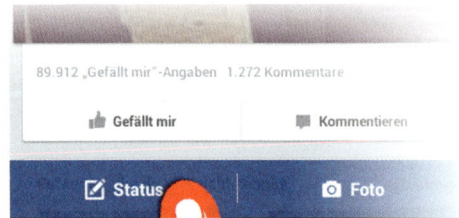

2 Sie gehen dann zur Nachrichtenseite, auf der Sie oben das Eingabefeld *Was machst du gerade?* finden.

3 Tippen Sie hier Ihre Nachricht ein.

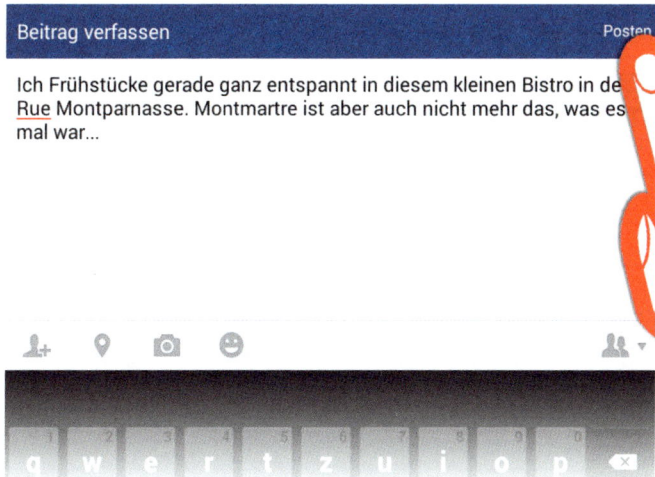

4 Tippen Sie dann rechts oben auf *Posten*, um die Nachricht zu veröffentlichen.

Frische Fotos direkt hochladen und veröffentlichen

Wenn Sie Freunde und Bekannte nicht nur per Textnachrichten, sondern auch mit Bildern an Ihren Erlebnissen teilhaben lassen möchten, geht auch das direkt vom Tablet aus. Die Facebook-App etwa bietet Ihnen die Möglichkeit, frisch geknipste Bilder direkt in Ihrem Profil zu veröffentlichen.

1 Tippen Sie im Bereich *Neuigkeiten* der Facebook-App unten auf *Foto*.

2 Die Facebook-App zeigt daraufhin standardmäßig die Fotogalerie Ihres Tablets an, damit Sie ein Bild auswählen können. Tippen Sie auf eines oder mehrere und dann oben rechts auf *Verwenden*.

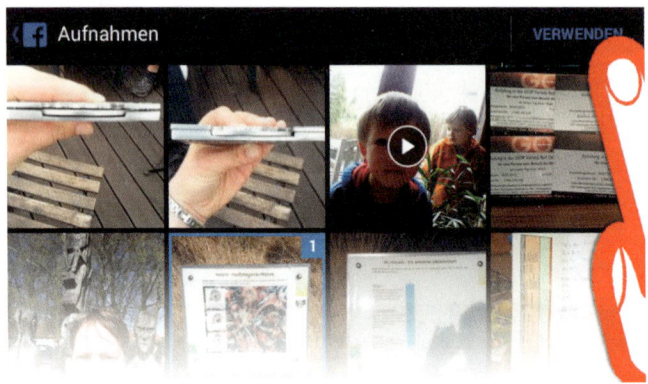

3 Alternativ können Sie auch ein Bild mit der Kamera Ihres Tablets knipsen. Tippen Sie dazu oben rechts auf das Kamerasymbol, das angezeigt wird, solange Sie kein Bild ausgewählt haben. Das Bild wird dann in die Fotogalerie eingefügt, in der Sie es ganz oben finden und auswählen können.

4 Zurück in der Facebook-App können Sie nun noch einen Untertitel zum Bild angeben.

5 Tippen Sie dann oben rechts auf *Posten*, um das Bild in Ihrer Online-galerie zu veröffentlichen.

Bilder aus der Fotogalerie oder Videos

Wollen Sie ein bereits gespeichertes Bild veröffentlichen oder gar ein Video hochladen, ist die Vorgehensweise prinzipiell die gleiche. Wenn die Kamera angezeigt wird, tippen Sie oben rechts auf das Auswahl-symbol und wählen dann entsprechend *Fotogalerie* oder *Videogale-rie*. Um ein neues Video zum Veröffentlichen aufzunehmen, können Sie mit dem Symbol unten rechts zwischen Foto- und Videofunktion wechseln, sofern Ihr Gerät dies unterstützt.

Bilder aus beliebigen Anwendungen heraus mit Facebook & Co. teilen

Android ermöglicht es, Bilder aus beliebigen Anwendungen heraus in so-zialen Netzwerken oder anderen Onlinegalerien zu veröffentlichen. Sie brauchen also nicht aus der Facebook-App heraus zu knipsen, sondern können umgekehrt ein Bild direkt aus der Kamera-App oder der Galerie bei Facebook, Twitter oder Myspace hochladen.

1 Hierfür finden Sie in den meisten bild-bezogenen Apps wie z. B. der Android-Fotogalerie ein spezielles Teilen-Symbol.

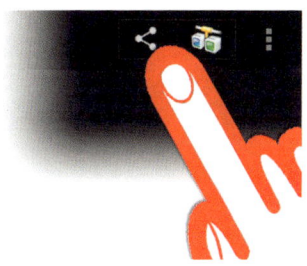

2 Ein Tipp darauf öffnet zunächst eine kurze Liste von Möglichkeiten, dieses Bild an andere weiterzugeben. Tippen Sie hier ganz unten auf *Alle anzeigen*.

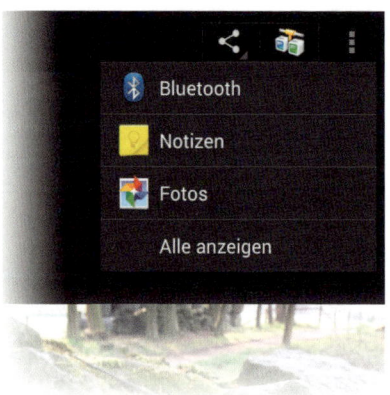

3 So erweitern Sie die Liste aller vorhandenen Apps, die etwas mit Bildern anfangen können. Hier sind auch die Apps für soziale Netzwerke und Onlineplattformen wie Facebook, Twitter, Myspace etc. versammelt (sofern die entsprechenden Apps installiert sind).

4 Tippen Sie den Dienst an, bei dem Sie das Bild veröffentlichen möchten.

5 Die App wird dann gestartet und die entsprechende Funktion direkt aktiviert. Ab hier geht es dann genauso weiter, als wenn Sie aus der App das Hochladen von Fotos veranlasst hätten.

Spannende Themen von unterwegs bloggen

Wenn Sie Blogger sind, bietet Ihnen Ihr Smartphone die Möglichkeit, von unterwegs jederzeit auf die Verwaltungsfunktionen Ihres Blogs zuzugreifen. Komplette neue Artikel wird man auf diese Weise zwar nur selten schreiben wollen, aber um z. B. Kommentare zu kontrollieren, ist das sehr praktisch. Für die gängigen Blog-Systeme wie in diesem Beispiel WordPress gibt es eigene Apps, die den Zugriff auf die Verwaltungsfunktionen erlauben.

1 Wählen Sie beim ersten Start, ob Ihr Blog bei Wordpress.com gespeichert oder auf einem eigenen Server veröffentlicht ist.

2 Geben Sie dann dementsprechend die Adresse Ihres Blogs sowie Benutzernamen und Passwort des Administratorkontos ein.

3 Tippen Sie dann auf *Speichern*, um den Zugriff auf dieses Blog einzurichten.

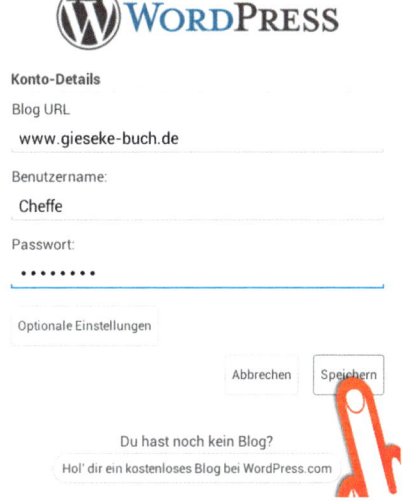

Bei weiteren Starts der App erhalten Sie nun direkt oben eine Liste der eingerichteten Blogs (falls Sie mehr als ein Blog betreiben).

1 Tippen Sie auf den Eintrag des Blogs, auf das Sie zugreifen möchten.

2 Hier können Sie nun in verschiedenen Rubriken die Verwaltungsauf-
gaben erledigen. Bei *Kommentare* etwa werden die neusten Kommentare angezeigt. Hier können Sie gegebenenfalls der Veröffentlichung
zustimmen und/oder darauf antworten.

3 Bei *Artikel* und *Seiten* können
Sie die Inhalte Ihres Blogs kontrollieren und ergänzen sowie
neue Inhalte erstellen. Letzte-
res ist mit den Mitteln eines
Smartphones aber nicht unbedingt optimal möglich.

4 Rechts unten finden Sie den
Menüpunkt *Statistiken*, der für
ehrgeizige Blogger sicherlich
auch interessant ist. Hier haben Sie Zugriff auf die aktuellen Zugriffszahlen und weitere statistische Auswertungen.

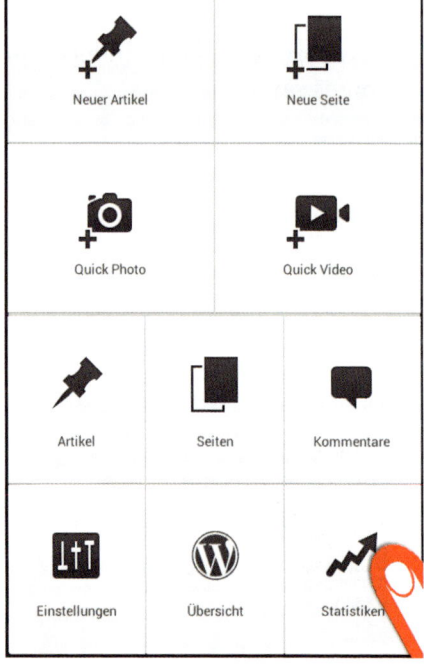

Die besten Tipps zu sozialen Netzwerken

Wann soll Facebook Sie worüber informieren?

Die Facebook-App erlaubt Ihnen eine gute Kontrolle, bei welchen Ereignissen Sie wie informiert werden möchten.

1 Wischen Sie in der Facebook-App ganz nach rechts und dort dann ganz nach unten.

2 Tippen Sie hier im Bereich *Hilfe & Einstellungen* auf *App-Einstellungen*.

3 Im Bereich *Allgemeine Einstellungen* können Sie festlegen, wie häufig die Facebook-App nach Updates für Ihr Profil suchen soll.

4 Darunter im Bereich *Benachrichtigungseinstellungen* bestimmen Sie, bei welchen Neuigkeiten überhaupt eine Benachrichtigung ausgelöst werden soll. Je weniger Häkchen hier gesetzt sind, desto seltener belästigt Sie Facebook mit einer Benachrichtigung. Aber dabei muss jeder die richtige Balance für sich selbst finden.

5 Unter der für ein Tablet etwas seltsamen Bezeichnung *Klingelton für Benachrichtigungen* legen Sie außerdem bei Bedarf ein akustisches Signal fest, mit dem Ihr Tablet hörbar Ihre Aufmerksamkeit erbitten darf.

Halten Sie Standortinformationen aus Ihren Tweets heraus

Manche finden es toll, wenn alle Bekannten jederzeit genau erfahren können, wo sie sich gerade befinden. Aber vielen ist bei solcher Überwachung nicht ganz wohl. Ihr Tablet kann aber anhand von GPS, WLAN oder Mobilfunknetz ständig feststellen, wo Sie sich gerade befinden. Damit Twitter diese Informationen nicht gleich in Ihre Tweets mit einbaut, sollten Sie Vorkehrungen treffen.

1 Benutzen Sie in der Twitter-App das Menüsymbol oben rechts und wählen Sie im Menü *Einstellungen*.

2 Öffnen Sie in den *Einstellungen* den Bereich *Allgemein*.

3 Stellen Sie hier sicher, dass die Option *Standort – Erlaube Twitter Deine Standort-Informationen zu nutzen* deaktiviert ist, wenn Sie keine Informationen über Ihren aktuellen Standort gemeinsam mit Ihren Tweets veröffentlichen möchten.

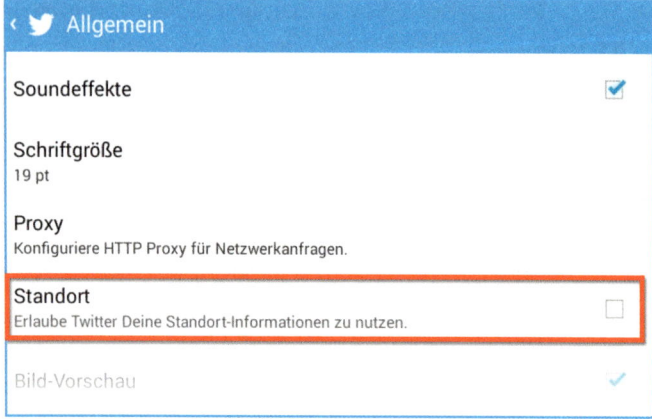

4 Schließen Sie die *Einstellungen* einfach mit dem Zurück-Symbol, um die Änderungen zu übernehmen.

11. Kamera läuft – die besten Tipps für attraktive Bilder und Videos

Die in Ihrem Tablet eingebauten Kameras reichen für Schnappschüsse und spontane Videoclips allemal. Mit den optimalen Einstellungen sowie den richtigen Apps zum Nachbearbeiten können damit schöne Erinnerungen oder sogar kleine Kunstwerke entstehen.

- Wie kann ich mit meinem Tablet Fotos knipsen? ⯈⯈ Seite 192

- Kann ich die Aufnahmeautomatik abschalten und die Parameter selbst bestimmen? ⯈⯈ Seite 193

- Kann ich mit meinem Tablet auch Panoramabilder erstellen? ⯈⯈ Seite 195

- Wo finde ich die selbst gemachten Aufnahmen auf meinem Tablet wieder? ⯈⯈ Seite 206

- Was kann ich machen, wenn ich mit der Kamerafunktion meines Tablets nicht zufrieden bin? ⯈⯈ Seite 196

- Wie kann ich Fotos direkt am Tablet optimieren oder mit Effekten versehen? ⯈⯈ Seite 201

- Wie übertrage ich Bilder und Videos von meinem Tablet bequem auf den PC? ⯈⯈ Seite 204

- Wie kann ich mit meinem Tablet Videos aufnehmen und speichern? ⯈⯈ Seite 203

- Wie kann ich Fotos automatisch mit Standortdaten versehen lassen? ⯈⯈ Seite 200

Schnelle Schnappschüsse – So gelingen Bilder auf Anhieb

Eine Kamera gehört bei jedem Tablet zur Grundausstattung. Meist sind es sogar gleich zwei, eine (bessere) an der Rückseite und eine einfachere an der Frontseite. Damit können Sie Bilder von sich selbst machen, vor allem aber Ihr Tablet für Videokonferenzen nutzen (z. B. mit der Skype-App). Beide Linsen können Sie mit der mitgelieferten systemeigenen Kamera-App nutzen.

Allerdings ist es so, dass gerade die Kamera meist zu den „Vorzeigefunktionen" von Android-Tablets gehört, weshalb jeder Hersteller hier sein eigenes Süppchen kocht. So wird die Kamera-App oft modifiziert oder durch eine ganz eigene App ersetzt. Deshalb sieht die im Folgenden beschriebene Bedienung der Kamera auf Ihrem Tablet eventuell etwas anders aus.

1 Wenn Sie die Kamera-App starten, wird direkt die Kamera aktiviert und deren Bild auf dem Bildschirm angezeigt. Rechts daneben sehen Sie in einem Kreis angeordnet die Bedienelemente für die Aufnahmen:

- Mit dem halbrunden Schieberegler steuern Sie die Zoomfunktion.

- Wenn Ihr Tablet mehr als eine Kamera mitbringt, wechseln Sie mit dem kleinen Kamerasymbol oben zwischen beiden Linsen hin und her.

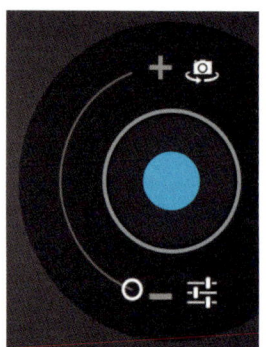

- Mit dem Einstellungssymbol unten gelangen Sie zu den Aufnahmeeinstellungen (mehr dazu im nachfolgenden Abschnitt).

- Mit dem zentralen blauen Knopf schließlich führen Sie die eigentliche Aufnahme durch.

2 Wie bei einer „echten" Digitalkamera können Sie den Auslöser einfach kurz drücken und wieder loslassen. Die Kamera fokussiert dann und nimmt das Bild auf.

3 Oder Sie halten den Knopf gedrückt und kontrollieren zunächst das Ergebnis des Autofokus. Ist es in Ordnung, lassen Sie einfach los. Falls nicht, schieben Sie den Finger vom Auslöser weg und lassen dann los. So wird kein Foto gemacht und Sie können erneut fokussieren.

4 Aufgenommene Bilder werden automatisch in der Galerie gespeichert. Eine Abkürzung finden Sie oben rechts in der Kamera-App, wo Sie immer eine Minivorschau des zuletzt erstellten Bildes sehen. Durch Antippen sehen Sie das Bild größer und können es an andere Apps weitergeben, um es z. B. mit Ihren Freunden zu teilen.

Blitz, Belichtung, Weißabgleich – volle Kontrolle mit den Profieinstellungen

Wenn Sie wie vorangehend beschrieben eine einfache Aufnahme machen, verwendet die Kamera-App den vollen Automatikmodus. Der macht bei normalen Bedingungen durchschnittlich gute Bilder. Wenn die Bedingungen extremer sind und/oder Sie optimale Ergebnisse erzielen wollen, sollten Sie selbst in die Aufnahmeparameter eingreifen. Die Möglichkeiten sind zwar nicht ganz so umfangreich wie etwa bei vollwertigen Spiegelreflexkameras, aber sie reichen für individuelle Ergebnisse.

1 Tippen Sie in der Kamera-App im Kreis unten auf das Einstellungssymbol.

2 Dadurch verändern Sie das kreisförmige Steuerelement, das nun andere Funktionen übernimmt (von oben gegen den Uhrzeigersinn):

■ Mit dem Blitzsymbol steuern Sie den eingebauten LED-Blitz. Üblicherweise schaltet der sich bei zu wenig Licht automatisch ein, was nicht immer zu optimalen Ergebnissen führt. Alternativ können Sie ihn hier nach Wunsch unabhängig von den Lichtverhältnissen ein- oder ausschalten.

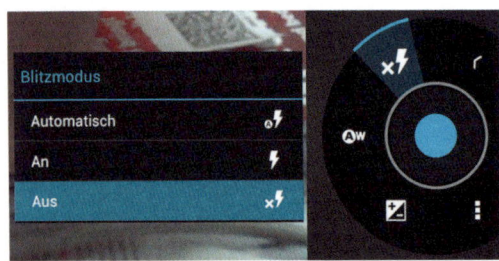

- Sehr wichtig für die authentische Farbgestaltung eines Bildes ist der Weißabgleich. Dieser führt im Automatikmodus nur selten zu guten Ergebnissen. Es ist zwar mühsam, aber Sie erzielen deutlich bessere Ergebnisse, wenn Sie die Art des vorherrschenden Lichts jeweils manuell vorgeben. Die Auswirkung erkennen Sie direkt in der Bildvorschau.

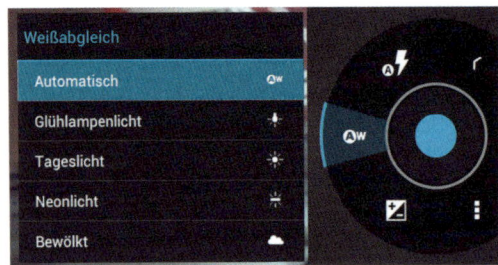

- Auch die Belichtungsautomatik bringt nicht immer die optimalen Ergebnisse. Mit dem Symbol +/– öffnen Sie ein Untermenü, in dem Sie die Belichtung um eine oder zwei Stufen nach oben oder nach unten verändern können. Auch hier sehen Sie die Auswirkungen direkt.

3 Neben diesen zentralen Aufnahmeeinstellungen können Sie mit dem Menüsymbol ein Untermenü mit weiteren Einstellungen öffnen. Hier können Sie z. B. die Bildgröße und den Speicherort für die Bilddateien festlegen.

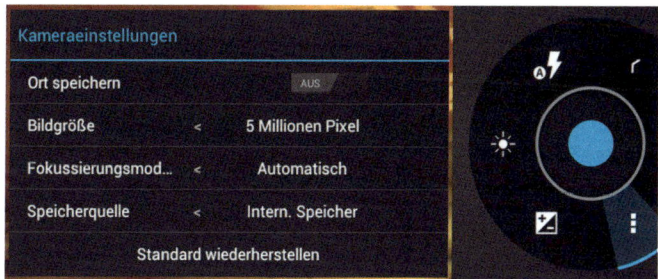

4 Haben Sie alle Einstellungen vorgenommen, gelangen Sie mit dem kleinen Pfeilsymbol ganz oben wieder zurück zu den normalen Aufnahme-Steuerelementen.

Einmal im Kreis – perfekte Panoramafotos ohne Mühe

Mit einer Panoramaaufnahme lässt sich die Atmosphäre vieler Orte besser einfangen als mit vielen einzelnen Aufnahmen. Solche speziellen Fotos können Sie auch mit Ihrem Tablet machen. Bei neueren Android-Versionen unterstützt Sie die Kamera-App dabei mit einem speziellen Modus, der einen passenden Schwenk anzeigt, automatisch Einzelbilder aufnimmt und aus diesen dann eine Panoramaaufnahme berechnet.

1 Wählen Sie dazu in der Kamera-App zunächst den Panoramamodus unten rechts.

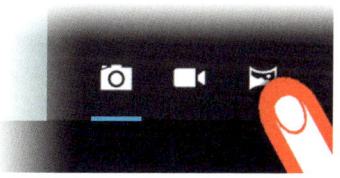

2 Richten Sie nun die Tablet-Kamera auf den Beginn Ihres Panoramas und drücken Sie den Auslöser.

3   Zusätzlich zur Bildvorschau sehen Sie darunter nun eine Fortschritts-
    anzeige Ihres Panoramaschwenks, die zeigt, wie weit Sie schon sind.
    Und mehr noch: Solange sie grün bleibt, ist alles in Ordnung. Ändert
    sie ihre Farbe zu Rot, schwenken Sie zu schnell, um ein gutes Panora-
    mabild zu erzielen.

4   Haben Sie das gesamte Motiv Ihres Panoramas abgeschwenkt, tippen
    Sie erneut auf den Auslöser, um die Aufnahme zu beenden.

5   Nun muss die App ein wenig rechnen, um aus den automatisch auf-
    genommenen Einzelbildern eine Panoramaaufnahme zu erstellen.
    Diese wird anschließend wie ein herkömmliches Foto in der Galerie
    gespeichert.

Schneller, besser, komfortabler: alternative Kamera-Apps für bessere Bilder

Eine Kamera gehört quasi zur Standardausrüstung bei Android-Tablets, und eine dazu passende App wird vom Hersteller mitgeliefert. Allerdings kann die Kamerahardware
auch von anderen Apps genutzt werden, sodass es alternative Apps gibt, die bessere Leistungen und mehr Funktionen bieten. Camera360 Ultimate etwa bietet eine kosten-

lose Free-Version an, die zahlreiche Funktionen und Effekte mitbringt, die
man bei den Standard-Apps meist vergeblich sucht.

1   Nach der Installation finden Sie eine ganz normale App vor, die Sie ein-
    fach anstelle der „normalen" Kamerasoftware starten, wenn Sie Bilder
    aufnehmen möchten.

2 Vielleicht etwas verwirrend: Die Bedienelemente werden im Hochformat angezeigt, aber die Bilder werden trotzdem passend erstellt. Wenn Sie ein Bild im Querformat schießen möchten, halten Sie das Tablet also wie gewohnt quer. Wollen Sie z. B. ein Porträt fotografieren, drehen Sie das Tablet hochkant.

3 Im Aufnahmemodus können Sie rechts in der Mitte (im Querformat) bzw. unten mittig (im Hochformat) mit dem Auslösersymbol die Aufnahme durchführen.

4 Durch Antippen des obersten Symbols öffnen Sie am oberen Rand eine Leiste mit weiteren praktischen Funktionen, mit denen Sie den Bildstabilisator steuern oder Serienaufnahmen veranlassen können.

Vordere oder hintere Linse?

Die meisten Tablets haben neben der „guten" Kameralinse auf der Rückseite noch eine einfachere Linse in den Rahmen der Vorderseite neben dem Display eingelassen. Diese ist primär für Videochats und ähnliche Zwecke gedacht und bietet nur eine geringe Auflösung. Aber auch damit können Sie beliebig Fotos machen. Tippen Sie auf die Schaltfläche oben links mittig (im Querformat), um zwischen den eingebauten Kameras Ihres Tablets zu wechseln.

Stimmungsvolle Bilder durch Spezialeffekte

Das Symbol mit dem Klecks direkt neben dem Auslöser öffnet eine Auswahl verschiedenartiger Effekte, mit denen Camera360 Ihre Bilder automatisch versehen kann. Hier finden Sie Spezialprogramme für Porträts mit besonders schöner Haut, Schwarz-Weiß-Programme, lomoähnliche Bilder oder Effekte, die Ihren Fotos das Aussehen sehr alter Aufnahmen geben.

1   Tippen Sie auf das Symbol mit dem Klecks, um die Auswahl anzuzeigen.

2   Tippen Sie auf einen der Effekte, um ihn zu aktivieren. Anschließend können Sie direkt das Bild wie gewohnt erstellen.

3   Wollen Sie einfach nur eine klassische Aufnahme ohne Filter & Co. machen, wählen Sie jeweils die Einstellung *None*.

Bilder erstellen und speichern

Unabhängig von den zahlreichen Einstellungsmöglichkeiten und Effekten ist das Fotografieren mit Camera360 auch nicht besonders kompliziert:

1   Halten Sie die Kamera des Tablets auf das gewünschte Objekt.

2   Stellen Sie mit dem Balken oben bzw. rechts im Vorschaubild gegebenenfalls den gewünschten Bildausschnitt (Zoom) ein.

3   Um den Schärfepunkt (Fokus) der Aufnahme zu bestimmen, tippen Sie kurz auf den Bildbereich, der im Foto besonders scharf erscheinen soll.

4   Tippen Sie in der Mitte rechts bzw. unten auf das Auslösersymbol. Verfügt Ihr Tablet über eine Hardwaretaste für die Kamera, können Sie diese

verwenden. Standardmäßig lässt sich bei Camera360 auch durch Drücken auf eine Lautstärketaste am Gehäuse eine Aufnahme erstellen.

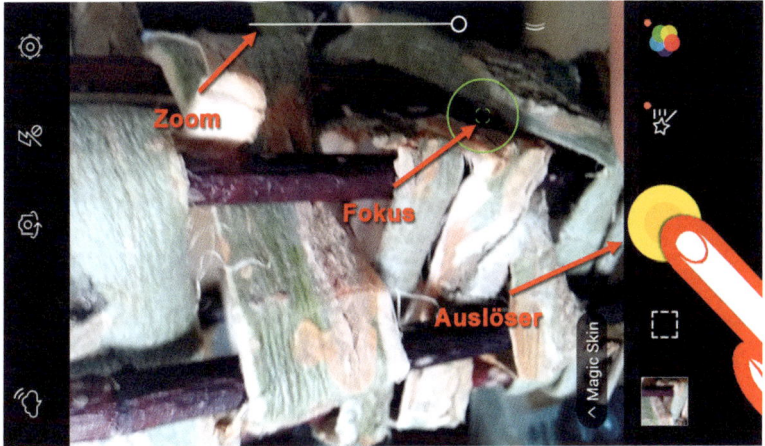

5 Halten Sie die Kamera ruhig, bis das Fotogeräusch erklungen ist.

6 Nun wird die Aufnahme unten rechts als Miniatur auf dem Bildschirm angezeigt, wo Sie sie in einer Übersicht Ihrer Fotos öffnen, anzeigen und bearbeiten können:

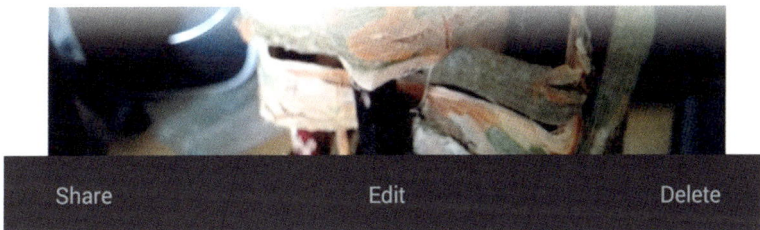

- Mit *Delete* entfernen Sie misslungene Aufnahmen.

- Mit *Edit* können Sie die Aufnahme nachträglich beschneiden oder mit einem der zuvor beschriebenen Bildeffekte versehen.

- Mit *Share* rufen Sie eine andere Anwendung auf, um das Bild z. B. direkt in einem sozialen Netzwerk zu veröffentlichen.

Wo war das noch mal? – Fotoaufnahmen automatisch georeferenzieren

Tablets bieten mit eingebauter Kamera und GPS-Empfänger alle Voraussetzungen, georeferenzierte Fotos herzustellen (siehe Infokasten). Das ist ein zweischneidiges Schwert. Einerseits eine feine Sache, wenn man denn genau das will. Andererseits bedeutet es auch, dass veröffentlichte Bilder unter Umständen genaue Angaben enthalten, wann sie wo angefertigt wurden. Ob Bilder mit Georeferenzen versehen werden, hängt von der Kamera-App ab. Die auf Seite 196 vorgestellte App Camera360 etwa erlaubt es, diese Funktion genau zu steuern.

Georeferenzierung von Bildern

Unter Georeferenzieren versteht man das Versehen von Bildern mit Informationen über den Standort, an dem ein Bild aufgenommen wurde. Dies ermöglicht es anschließend, die Herkunft von Bildern geografisch zu erfassen und z. B. auf einer Karte zu visualisieren. Es bedeutet aber auch, dass im Bild exakte Informationen über den Standort des dargestellten Motivs enthalten sind. Gemeinsam mit dem Aufnahmezeitpunkt erlaubt das auch Rückschlüsse, wann Sie sich wo aufgehalten haben. Das sind Informationen, die Sie vielleicht – zumindest von Fall zu Fall – schützen möchten.

---

1 Klicken Sie im Aufnahmemodus oben rechts (bzw. oben links im Quermodus) auf das Einstellungssymbol und dort auf *Advanced Setting*, um das Konfigurationsmenü zu öffnen.

2 In den *Einstellungen* finden Sie in der Rubrik *Photo Settings* die Funktion *GPS*. Sie legt fest, ob Standortdaten erhoben und in erstellten Bildern vermerkt werden.

3 Ist diese Option aktiviert (Kreis rechts), wird jedes Bild mit GPS-Daten versehen. Das gilt allerdings nur, wenn der GPS-Empfänger Ihres Tablets aktiviert ist und die Position ermittelt hat.

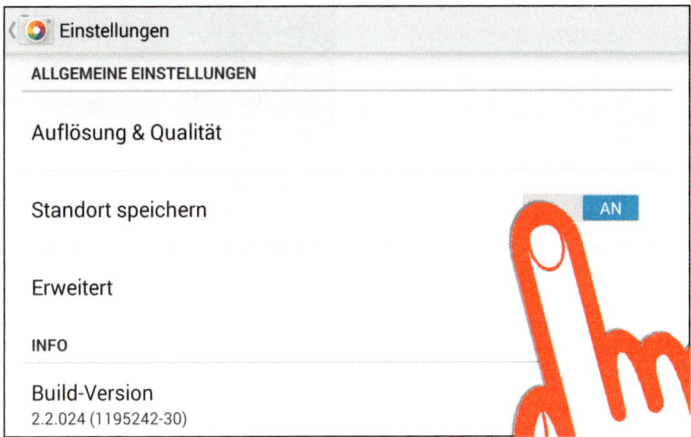

Georeferenz bei der Standardkamera-App

Bei neueren Android-Versionen kann auch die mitgelieferte Kamera-App Geodaten in Fotoaufnahmen einfügen, was aber standardmäßig deaktiviert ist. Um das zu ändern, öffnen Sie die Einstellungen der Kamera-App und schalten dort bei *Standort speichern* auf *AN*.

Photoshop Express: Bilder komfortabel am Tablet bearbeiten

Selbst das Bearbeiten von Fotos direkt am Tablet ist möglich, um z. B. eigene Schnappschüsse zu optimieren oder kleine Fehler auszubügeln. Das kostenlose Photoshop Express etwa ist mit seinem „großen Bruder" für PCs sicherlich nicht vergleichbar, aber die App bietet einige praktische Funktionen.

1 Wählen Sie nach dem Start zunächst den *Edit*-Modus und dann das Bild aus, das Sie bearbeiten möchten.

2 Die App zeigt das gewählte Bild dann bildschirmfüllend an. Oben finden Sie vier Symbole für die verschiedenen Bearbeitungsarten. Sie können jeweils darauf tippen, um eine Liste der Werkzeuge zu sehen.

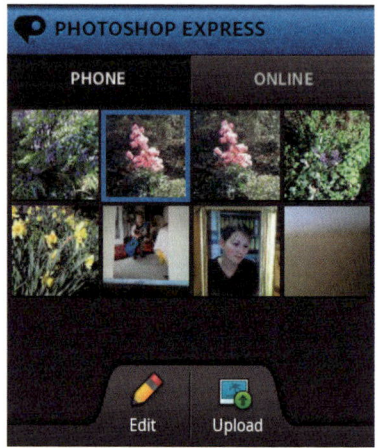

3 Das Bearbeiten des Bildes selbst ist recht intuitiv. Beim Beschneiden (Crop) etwa wird ein Rahmen angezeigt, den Sie so anpassen, dass er genau den gewünschten Ausschnitt abdeckt.

4 Beim Ausrichten oder Rotieren vollziehen Sie einfach per Fingerwisch eine entsprechende Bewegung auf dem Touchscreen.

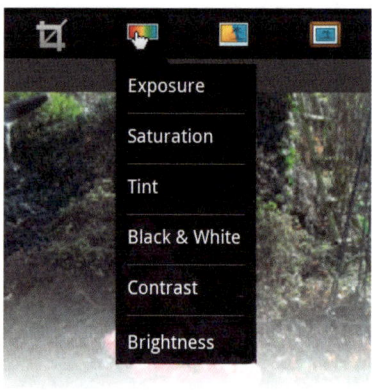

5 Bei den Filtern und Effekten können Sie einfach mit dem Finger nach links oder rechts wischen, um die gewünschte Intensität einzustellen.

6 Für alle Bearbeitungen gilt: Sie sind zunächst vorläufig. Erst wenn Sie unten rechts auf das grüne Häkchen tippen, wird die Änderung übernommen. Bis dahin können Sie sie links mit dem roten *x* jederzeit rückgängig machen.

Besondere Momente als Videoclip aufnehmen

Die Kamera in Ihrem Tablet taugt nicht nur für Fotoaufnahmen, sondern kann auch bewegte Bilder als Videoclips aufzeichnen. Die Qualität kann mit einem guten Camcorder zwar nur selten mithalten, aber bei hellem Umgebungslicht lassen sich schöne Momente durchaus angemessen festhalten.

1 Starten Sie die Kamera-App und tippen Sie dort unten links auf das Videosymbol.

2 Damit aktivieren Sie den Videomodus, und ein Tipp auf den Auslöser startet die Aufnahme.

3 Während einer Aufnahme bleibt der Bildschirm bis auf die Aufnahmezeit und das Stoppsymbol frei. Trotzdem können Sie mit der bekannten Zwei-Finger-Zoomgeste den Bildbereich

des Kameraobjektivs bestimmen.

4 Um die Aufnahme zu beenden, tippen Sie erneut auf den Auslöser. Das Video wird dann automatisch gespeichert und Sie können es in der Galerie abrufen.

Bilder & Videos vom Tablet auf den PC übertragen

Bilder und Videoaufnahmen lassen sich auf verschiedenen Wegen vom Android-Tablet auf einen PC transferieren. Für Windows-PCs bietet sich das Anschließen per USB-Kabel an. Ein eigener Windows-Assistent sucht dann alle Bild- und Videodateien auf der SD-Karte zusammen und übernimmt sie komfortabel in Ihre PC-Mediensammlung.

1 Verbinden Sie Ihr Tablet per USB-Kabel mit dem PC und wählen Sie am Mobilgerät gegebenenfalls den Modus für den Speicherkartenzugriff aus.

2 Windows erkennt das Gerät automatisch und fragt nach, was Sie mit diesem Gerät durchführen wollen. Wählen Sie *Bilder und Videos importieren mit Windows*. Haben Sie eine andere Anwendung für diesen Zweck installiert wie z. B. die Windows Live Fotogalerie, können Sie auch diese wählen.

3 Aktivieren Sie die Option *Alle neuen Elemente jetzt importieren*. Außerdem können Sie die Bilder mit einem Stichwort markieren.

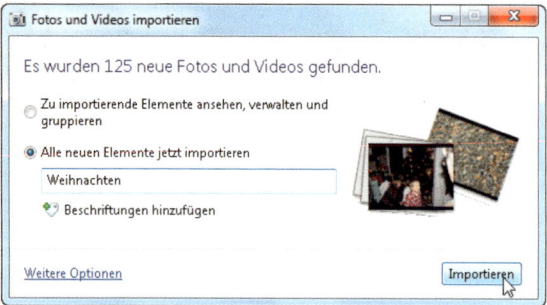

4 Anschließend startet der eigentliche Transfer. Falls Sie die Bilder nach dem Import direkt vom Tablet löschen wollen, setzen Sie vor Abschluss des Vorgangs ein Häkchen bei *Nach dem Importieren löschen*.

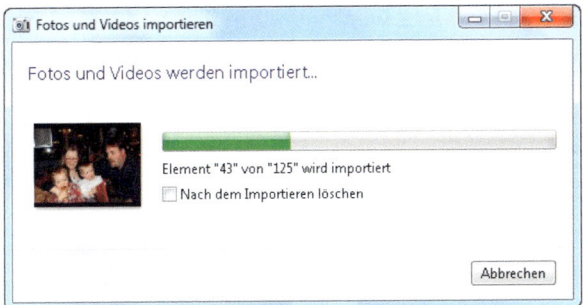

5 Anschließend finden Sie die importierten Bilder direkt in der Fotogalerie vor. Wählen Sie dazu z. B. die Kategorie *Zuletzt importiert* oder rufen Sie bei den Ordnern das Verzeichnis auf, in dem die neuen Bilder gespeichert wurden.

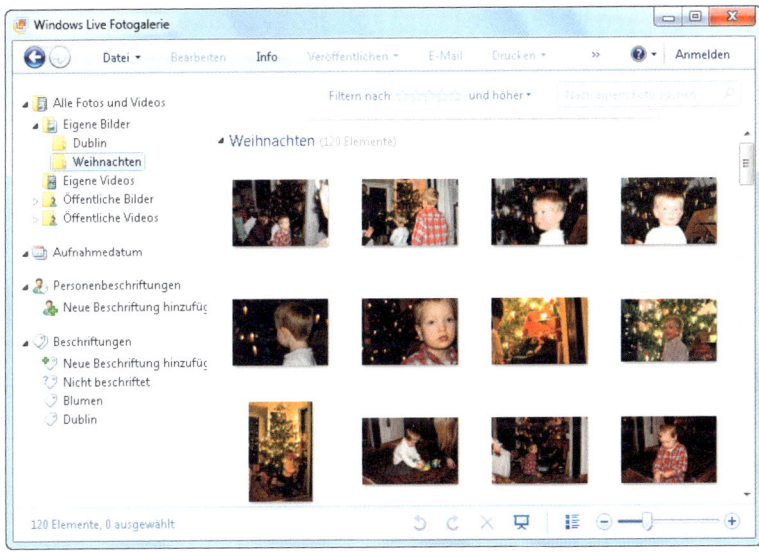

Die besten Tipps zu eigenen Bildern und Videos

Auf schnellstem Weg zu den neuen Bildern und Videos

Selbst erstellte Fotos und Videos werden automatisch gespeichert. Über die Kamera-App können Sie sie jederzeit wiederfinden, aber es geht auch schneller:

Galerie

1 Öffnen Sie die Galerie-App. Diese erfasst alle Bilder und Videos, die auf Ihrem Tab gespeichert sind.

2 Ganz oben links in der Galerie finden Sie den Ordner *Camera*. Tippen Sie darauf, um eine Liste aller Aufnahmen zu öffnen, die Sie mit der Kamera-App als Fotos oder Videos erstellt haben.

3 Die Liste ist chronologisch sortiert, sodass die neusten Aufnahmen immer ganz am Anfang zu finden sind.

Die automatische Standortbestimmung grundsätzlich unterbinden

Selbst wenn eine Kamera-App sich in Bezug auf die Georeferenzierung nicht steuern lässt, können Sie Standortbestimmungen durch Anwendungen generell unterbinden, wenn Sie diese Information schützen möchten.

1 Öffnen Sie in den *Einstellungen* die Rubrik *Nutzer* und dort den Eintrag *Standort*.

2 Hier können Sie oben rechts mit dem Schalter zunächst pauschal den Standortdienst auf Ihrem Gerät ein- oder ausschalten.

3 Im Untermenü *Modus* können Sie außerdem auf die Methode der Standortbestimmung Einfluss nehmen:

■ So kann Android für *Hohe Genauigkeit* die Informationen von GPS, WLAN und Mobilfunknetz kombinieren, was aber auch erhöhten Stromverbrauch bedeutet.

■ Im sogenannten Energiesparmodus beschränkt sich das Gerät auf das Mobilfunknetz und erreichbare WLANs. So lässt sich der Standort nur grob bestimmen, in dicht besiedelten Städten kann er aber auch auf unter 100 m genau sein.

■ Die Bezeichnungen sind allerdings etwas irreführend, denn auch *Nur Gerät* verbraucht nicht zwangsläufig viel Energie. Hier wird nur der verbaute GPS-Empfänger bemüht, was eine hohe Genauigkeit bis auf den letzten Meter verspricht. Allerdings wird diese Komponente nur aktiviert, wenn eine App ausdrücklich Standortdaten abfragt.

12. Strom sparen – Energieverbrauch minimieren und Akkulaufzeit maximieren

Energiemangel und Strom-
sparen sind leider bei allen
elektronischen Begleitern
eine ständige Herausforde-
rung. Aber mit den richtigen
Stromsparstrategien machen
Sie auch Ihr Tablet zum Lang-
streckenläufer, dem nicht im
entscheidenden Moment die
Puste ausgeht.

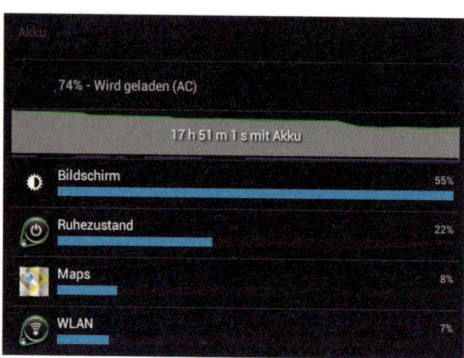

- Welches sind die großen Stromfresser bei meinem Gerät?
  ➤➤ Seite 214

- Wie kann ich Strom verbrauchende Funktionen abschalten?
  ➤➤ Seite 209

- Gibt es eine komfortable Alternative zu den gut versteckten Strom-
  sparoptionen in den Einstellungen? ➤➤ Seite 209

- Gibt es wie beim PC einen Energiesparmodus? ➤➤ Seite 211

- Lassen sich Maßnahmen zum Stromsparen automatisieren?
  ➤➤ Seite 217

- Wie kann ich im Flugzeug oder im Krankenhaus alle Drahtlosfunktio-
  nen zuverlässig deaktivieren? ➤➤ Seite 211

- Welche Apps helfen beim Stromsparen? ➤➤ Seite 216

Stromverbraucher ganz nach Bedarf ein- und ausschalten

Jedes Tablet verfügt über verschiedene Funktionen zum Kommunizieren mit anderen Geräten. Jede dieser Funktionen verbraucht Energie, solange sie aktiv ist. Deshalb ist es sinnvoll, solche Komponenten zu deaktivieren, wenn sie nicht benötigt werden. Dabei handelt es sich vor allem um:

- WLAN für den Zugang zu einem lokalen Netzwerk und ins Internet.
- Bluetooth für Headsets, Freisprecheinrichtungen etc.
- GPS zum Ermitteln des aktuellen Standorts.
- das GSM-Modem für Datenübertragungen per Mobilfunk.

Bei den meisten Android-Tablets lassen sich alle diese Komponenten einzeln aktivieren und deaktivieren. Wenn Sie dies befolgen und immer nur die Funktionen einschalten, die Sie gerade benötigen, können Sie die Akkulaufzeit deutlich steigern.

Funktionen bequem per Widget ein- und ausschalten

In den *Einstellungen* Ihres Tablets lassen sich die verschiedenen Komponenten nach Bedarf ein- und ausstellen, was aber umständlich ist. Einfacher geht es mit einer Schalterleiste als Widget direkt auf der Oberfläche Ihres Tablets.

1 Öffnen Sie die App-Übersicht Ihres Tablets und wechseln Sie dort in die Rubrik *Widgets*.

2 Suchen Sie hier das Widget *Energiesteuerung*.

3 Tippen Sie lange auf dieses Widget, um es „in die Hand zu nehmen".

4 Die App-Übersicht wird dann ausgeblendet, und Sie landen mitsamt dem festgehaltenen Widget auf einer Startseite, auf der Sie es an einer beliebigen Stelle platzieren und loslassen können.

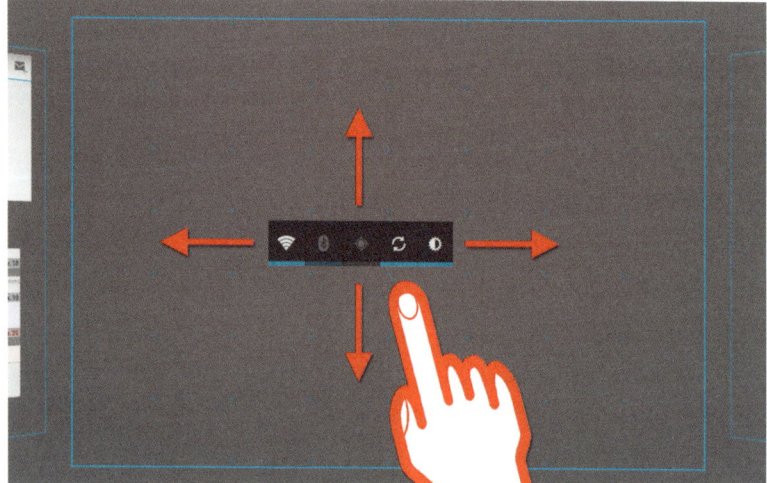

5 Wählen Sie in der anschließenden Liste das Widget *Energiesteuerung* aus.

Android fügt dann dieses Widget an der freien Stelle in die Oberfläche ein. Hier finden Sie fünf Schalter für die wesentlichen Funktionen (von links nach rechts):

- WLAN
- Bluetooth
- GPS
- Funktionen zur Datensynchronisierung
- Displayhelligkeit

Mit den ersten vier Symbolen schalten Sie die entsprechende Funktion jeweils ein bzw. aus. Beim ganz rechten Symbol für die Anzeigehelligkeit können Sie durch mehrfaches Antippen verschiedene Modi durchschalten.

Mit dem Flugmodus maximal Energie sparen

Im Flug(zeug)modus schaltet ein Mobilgerät sämtliche Funkkomponenten aus. Der Name kommt daher, dass man diesen Modus in Flugzeugen verwenden soll, um Störungen der empfindlichen Elektronik des Fliegers zu vermeiden. Ebenso eignet sich der Modus aber für Krankenhäuser, Kinos, Theater, das erste Date – eben für alle Situationen, in denen man keinesfalls gestört werden will oder darf. Der Flugmodus ist allerdings auch ein guter Stromsparer, weil er praktisch alle Extraverbraucher lahmlegt. Wenn Sie z. B. nachts ohnehin nichts hören wollen oder wenn der Akku unbedingt noch eine Weile durchhalten soll, ist der Flugmodus deshalb ein echter Geheimtipp.

1 Öffnen Sie die *Einstellungen* Ihres Tablets und tippen Sie im Bereich *Drahtlos & Netzwerke* auf *Mehr*.

2 Dort finden Sie ganz oben die Option *Flugmodus*.

3 Solange der Flugmo-
dus aktiv ist, sehen Sie
in der Statusleiste ein
Flugzeugsymbol. Draht-
lose Datenverbindun-
gen werden nun unter-
bunden.

4 Um den Flugmodus wieder zu beenden, wiederholen Sie die Schritte 1 und 2. Das Tablet kehrt dann zur vorherigen Konfiguration zurück.

Geld und Strom sparen: Datenverbindungen und Roaming steuern

Ist Ihr Android-Tablet mit einem mobilen Internetzugang per 3G ausgestattet, kosten häufige Datenverbindungen für das Synchronisieren von Kontakten, Terminen, E-Mails oder Status-Updates für soziale Netzwerke sowohl Strom als auch Geld.

Das automatische Synchronisieren verhindern

Ein nicht geringer Teil der Onlinekosten wird für das Synchronisieren von E-Mails, Kontakten und Terminen verbraucht. Auch  hier kann das Widget für Energiesteuerung gute Dienste leisten (siehe Seite 209). Das zweite Symbol von rechts schaltet den Datenabgleich ein und aus. Das bezieht sich allerdings nur auf die Synchronisierungsfunktionen von Android selbst. Zusätzliche Apps mit eigenen Abgleichfunktionen lassen sich dadurch meist nicht beeindrucken.

Mobilfunkverbindungen nur manuell bei Bedarf zulassen

Standardmäßig ist ein Android-Tablet mit Mobilfunkverbindung immer online, und die Apps können sich mit dem Internet verbinden. Das kostet nicht nur Geld, sondern zehrt auch am Akku.

1 Öffnen Sie in den *Einstellungen* den Punkt *Drahtlos & Netzwerke* und dort *Mobilfunknetze*.

2 Hier finden Sie direkt einen Eintrag, mit dem mobile Verbindungen aktiviert bzw. deaktiviert werden können. Je nach verwendeter Android-Version unterscheidet sich die genaue 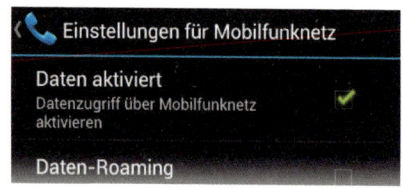 Bezeichnung, bei neueren Versionen heißt es z. B. *Daten aktiviert*.

So können Sie jegliche Datenverbindungen via Mobilfunk unterbinden. Das Gerät kann Internetverbindungen dann nur noch über ein WLAN aufnehmen.

Das teure Daten-Roaming im Ausland vermeiden

Besonders problematisch ist das Nutzen von Datenverbindungen im Ausland, da die dann anfallenden Roamingkosten schnell zu einem teuren Vergnügen werden können. Auch beim Aufenthalt in grenznahen Gegenden kann man unfreiwillig in diese Kostenfalle geraten.

1 Öffnen Sie in den *Einstellungen* die Rubrik *Drahtlos & Netzwerke* und dort *Mobilfunknetze*.

2 Hier zeigt der Eintrag *Daten-Roaming* an, ob Ihr Gerät über ein „fremdes" Netzwerk Datenverbindungen aufnehmen darf. Standardmäßig sollte die Option deaktiviert sein.

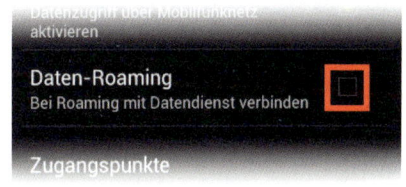

3 Wollen Sie *Daten-Roaming* nutzen, tippen Sie darauf und bestätigen den anschließenden Warnhinweis.

Stromspartipp: Für E-Mail & Co. reicht die 2G-Verbindung völlig aus

Solange es um schmalbandige Daten wie E-Mails, Synchronisierung, Tweets, Status-Updates etc. geht, können Sie ständig online sein und trotzdem den Akku schonen, wenn Sie das Funkmodem auf die langsa-

meren, aber wesentlich stromsparenderen 2G-Verbindungen begrenzen. Wählen Sie dazu in den Mobilfunknetzeinstellungen bei der Option *Bevorzugter Netzwerktyp* die Einstellung *2G*. Bei neueren Geräten finden Sie diese Einstellungen teilweise auch unter *Netzwerk auswählen*. Wenn Sie dann doch mal unterwegs surfen möchten, sollten Sie aber daran denken, wieder in den schnellsten Modus umzuschalten.

Energiedetektiv: So spüren Sie Stromfresser schnell auf

Wenn Ihnen die Akkulaufzeit zu kurz ist, Sie aber Komfortfunktionen rund um die Uhr zur Verfügung haben möchten, muss ein Kompromiss her. Dabei stellt sich zunächst die Frage: Wofür wird der ganze Strom denn eigentlich genau verbraucht? Hier hilft Android selbst weiter, denn es führt genau Buch über den Stromverbrauch der Komponenten. So können Sie jederzeit sehen, welche Funktion bei Ihrem Tablet über das größte Sparpotenzial verfügt.

1 Öffnen Sie in den *Einstellungen* von Android in der Rubrik *Gerät* den Punkt *Akku*.

2 Damit rufen Sie eine Statistik der Akkunutzung auf. Ganz oben sehen Sie, wie lange das Gerät seit der letzten Aufladung schon läuft und wie sich der Ladestand seitdem entwickelt hat.

3 Darunter werden die verschiedenen Komponenten, Funktionen und Anwendungen aufgeführt, die seither nennenswert Strom verbraucht haben. Die Reihenfolge wird dabei durch den Verbrauch bestimmt. Ganz oben findet sich also der größte „Energieverschwender".

Diese Statistik sollte in etwa Ihrem Nutzerverhalten entsprechen. Das *Bildschirm* und *Ruhezustand* bei einem Tablet ganz oben stehen, ist nicht ungewöhnlich. Das Display ist nun mal der größte Energieverbraucher, und im Ruhezustand befindet sich das Tablet immer, wenn Sie den Bildschirm ausschalten und es weglegen. Wenn aber z. B. *WLAN* einen großen Anteil hat, obwohl Sie nur selten drahtlos surfen, ergibt sich hier ein großes Optimierungspotenzial.

Der Teufel steckt im Detail

Sie können jeden Eintrag der Verbraucherliste antippen und sich so eine detaillierte Statistik dieser Elemente ansehen. So erfahren Sie z. B. auch, wie viel CPU-Zeit eine Anwendung im Hintergrund verbraucht hat. Außerdem finden Sie hier Abkürzungen direkt zu den App-Optionen oder anderen wichtigen Systemeinstellungen für den jeweiligen Bereich.

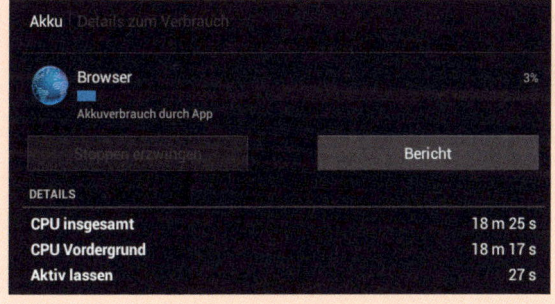

Mit der App JuiceDefender jedes Tablet zum Stromsparer machen

Wenn Sie mit der Akkulaufzeit Ihres Android-Tablets nicht zufrieden sind, gibt es Apps, die Abhilfe schaffen. Die kostenlose Version von JuiceDefender etwa eignet sich für weniger erfahrene Nutzer genauso wie für Spezialisten, die jede Detaileinstellung selbst vornehmen möchten. JuiceDefender  sieht auf den ersten Blick etwas kompliziert aus und die deutsche Übersetzung ist etwas holprig, aber letztlich ist die App einfach zu bedienen.

1 Warten Sie, bis nach dem Start das Hauptmenü in der Rubrik *Status* angezeigt wird. Ganz oben können Sie JuiceDefender insgesamt einschalten (*aktiviert*) oder ausschalten (*deaktiviert*).

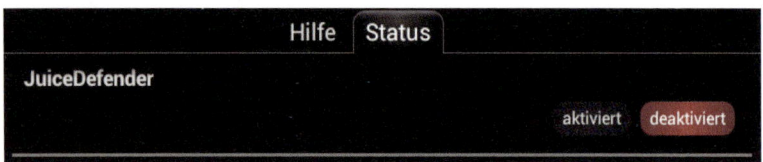

2 Direkt darunter stehen verschiedene vorgefertigte Profile für das Energiemanagement zur Auswahl. Standardmäßig ist *abgestimmt* ausgewählt. Dieses Profil ist so ausgelegt, dass Sie das Gerät unbeschränkt nutzen können, aber trotzdem im Vergleich zur normalen Android-Konfiguration schon einiges an Energie sparen.

3 Mit *aggressiv* oder *extrem* können Sie jeweils mehr Strom sparen. Allerdings sollten Sie immer testen, ob dann alle Funktionen noch zu nutzen sind.

4 Mit *anpassen* und dann *bestätigen* können Sie das jeweils gewählte Profil individuell anpassen. JuiceDefender blendet dazu rechts einen zusätzlichen Einstellungsbildschirm ein. Darin können Sie z. B. Zeitpläne festlegen und bestimmen, welche Komponenten das Programm gegebenenfalls abschalten darf.

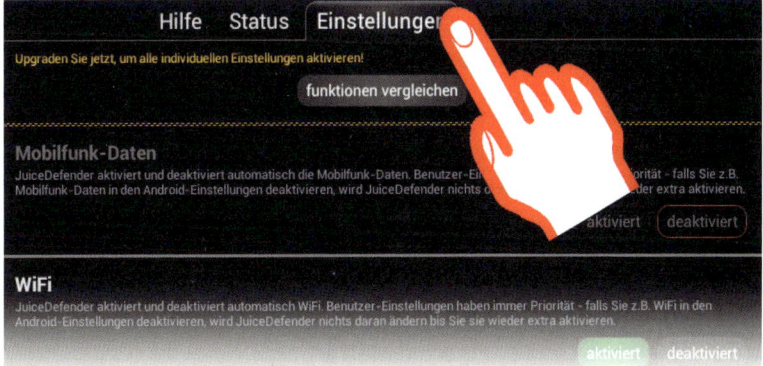

Strom sparen: Funktionen mit Timeriffic automatisch ein- und ausschalten

Wenn Sie Energiespar- und sonstige Einstellungen nach Zeitplan vornehmen möchten, empfiehlt sich die kostenlose App Timeriffic. Sie erlaubt es, beliebige Zeitpläne zu erstellen. Zu jedem Termin lässt sich eine Vielzahl von Systemeinstellungen bis hin zu Klingeltönen und ihrer Lautstärke vorgeben, die dann automatisch entsprechend gewählt werden.

Timeriffic

Mit Timeriffic sind komplexe und flexible Einstellungen möglich. Es geht aber auch ganz geradlinig, wie das folgende Beispiel zeigt. So können Sie täglich von 23:59 bis 7:30 Uhr den Flugmodus aktivieren und so jede Nacht ganz einfach ordentlich Akkuenergie sparen.

1 Bei der Installation werden bereits ein paar fertige Profile mitgeliefert. Um diese zu entfernen, tippen Sie im Hauptmenü auf das Menüsymbol und wählen *Reset* und dann *Empty Profile*.

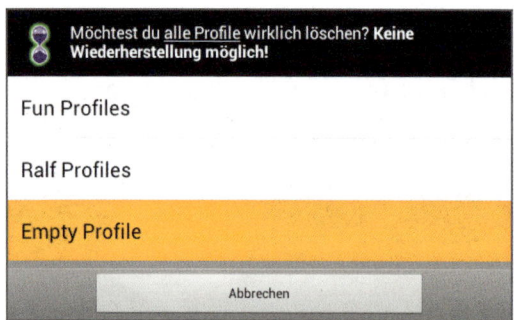

2 So erhalten Sie eine leere Konfiguration, in der Sie mit der Menüfunktion *Neues Profil* schnell eigene Einstellungen vornehmen können. Geben Sie dazu einfach einen Namen an.

3 Anschließend finden Sie das neue Profil in der Übersicht vor. Drücken Sie lange darauf, bis das Kontextmenü angezeigt wird, und wählen Sie darin *Aktion einfügen*.

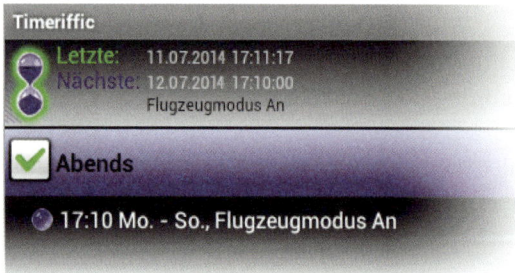

4 Im anschließenden Dialog legen Sie oben links den Zeitpunkt fest, wann die Aktion erfolgen soll. Bestimmen Sie dazu eine Uhrzeit und die Wochentage, an denen dieser Schaltpunkt aktiv sein soll. So können Sie z. B. für Arbeitstage und Wochenenden verschiedene Konfigurationen vornehmen.

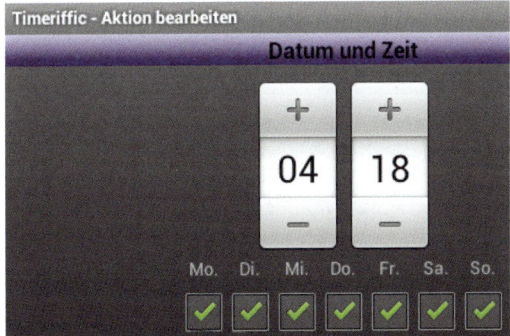

5 Rechts daneben und darunter können Sie festlegen, was genau zu diesem Zeitpunkt verändert werden soll. Timeriffic stellt Ihnen eine Vielzahl von Einstellungen zur Verfügung. So finden Sie unten links etwa den *Flugzeugmodus*, den Sie hier mit *Anschalten* aktivieren können.

Wenn Sie nun noch eine zweite Aktion z. B. morgens erstellen, wenn der Flugzeugmodus wieder ausgeschaltet wird, haben Sie eine einfache und effektive Stromsparfunktion geschaffen.

Timeriffic-Aktionen außer Kraft setzen

Timeriffic nimmt einfach nach Zeitplan die festgelegten Einstellungsänderungen vor. Das ist genauso, als ob Sie selbst in diesem Moment in den *Einstellungen* des Gerätes etwas ändern würden. Anschließend legt Timeriffic sich wieder bis zum nächsten Termin schlafen. Wenn Sie abends mal noch spät unterwegs sind, können Sie also z. B. den Flugzeugmodus einfach wieder deaktivieren und das Tablet wie gewohnt nutzen. Am nächsten Abend schaltet Timeriffic dann wieder wie geplant den Flugzeugmodus ein.

Ortsabhängige WLAN-Einstellungen: So passt sich Ihr Tablet automatisch an

WLAN ist eine der besonders kritischen Einstellungen bezüglich des Stromverbrauchs. Zu Hause oder im Büro möchte man es gerne nutzen, allein schon wegen der schnelleren und billigeren Datenübertragung. Überall sonst aber verbraucht es nutzlos reichlich Strom und saugt den Akku leer. Die App Y5 - Battery Saver verspricht mit einem cleveren Konzept Abhilfe. Sie überprüft in regelmäßigen Abständen, ob ein bekanntes WLAN-Netzwerk, mit dem Sie schon mal verbunden waren, in Reichweite ist. Dann aktiviert es die WLAN-Funktion und bucht Sie ein. Verlassen Sie den Empfangsbereich, wird WLAN automatisch wieder deaktiviert.

Außer der Installation der App müssen Sie dazu gar nicht viel tun. Einmal aktiv, registriert das Programm automatisch alle WLANs, zu denen Sie mit Ihrem Tablet eine Verbindung herstellen.

1 Standardmäßig kann die WLAN-Funktion einfach ausgeschaltet bleiben.

2 Um an einem neuen Ort WLAN zu nutzen, aktivieren Sie die Funktion einmalig manuell und melden das Tablet bei diesem Drahtlosnetzwerk an. Y5 - Battery Saver „lernt" den neuen Ort dabei automatisch.

3 Wenn Sie das nächste Mal wieder hier sind, schaltet es WLAN also automatisch ein.

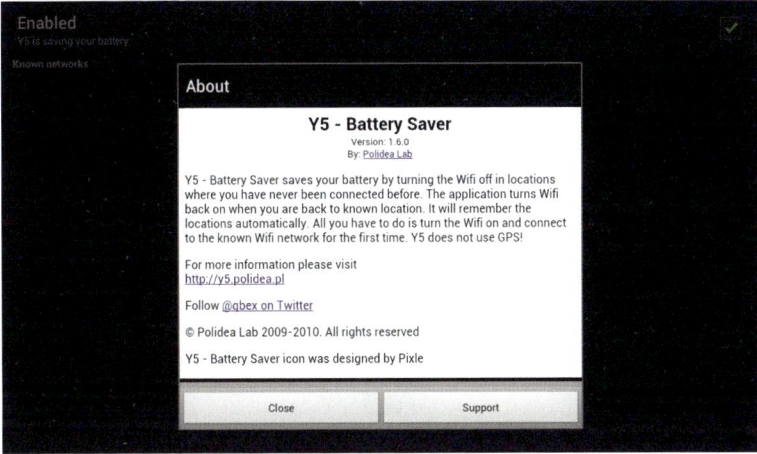

Weitere Einstellungen sind kaum nötig. Trotzdem können Sie die App ganz normal starten. Dann finden Sie einen kleinen Konfigurationsschirm vor, mit dem Sie die Funktion pauschal aktivieren bzw. deaktivieren können.

Gelernte WLAN-Standorte vergessen

Y5 - Battery Saver kann einmal gelernte WLANs auch wieder „vergessen". Tippen Sie dazu auf einen der Einträge im Konfigurationsdialog und bestätigen Sie im anschließenden Menü das Entfernen dieses Eintrags.

Die besten Stromspartipps für Tablets

Selbstverständlich ist jedes Gerät etwas anders, und auch die Anforderungen jedes Anwenders sind ganz individuell. Allgemein lassen sich aber einige Hinweise und Tipps geben, wie Sie die Akkulaufzeit Ihres Tablets maximieren können.

Bildschirmhelligkeit automatisch optimieren

Der größte Stromverbraucher bei jedem Tablet ist der Bildschirm. Deshalb ist es sinnvoll, die Helligkeit des Displays so weit wie möglich zu reduzieren, sodass Sie es noch gut ablesen können. Allerdings müssen Sie dazu gar nicht ständig an der Bildschirmhelligkeit herumregeln, denn viele Tablets bieten die Möglichkeit, ihre Helligkeit automatisch dem Umgebungslicht anzupassen.

1 Um das zu aktivieren, öffnen Sie die *Einstellungen*, gehen in die Kategorie *Display* und dort in den Bereich *Helligkeit*.

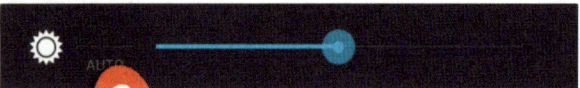

2 Hier aktivieren Sie die Option *Auto*. Dann verändert sich der Schieberegler, und in der Regel wird der Bildschirm in dem Moment auch schon merklich dunkler.

Sie können die automatische Helligkeitsregelung auch schnell über das Energiesteuerung-Widget erreichen. Tippen Sie dort so lange ganz rechts auf das Helligkeitssymbol, bis es in der Mitte den Buchstaben *A* enthält. Dieser steht für den Automatikmodus.

Hintergrunddaten nur periodisch aktualisieren

Das ständige Aktualisieren von E-Mails, Terminen und Social Media zieht Strom und verursacht (bei Mobilfunkverbindungen) Kosten. Ganz ohne Synchronisierung macht ein Tablet aber auch nicht mehr so viel Spaß. Die App JuiceDefender bietet einen Mittelweg: Es kann die Synchronisierungsfunktionen regelmäßig für eine kurze Zeit aktivieren, sodass alle Neuigkeiten Sie erreichen.

1 Wählen Sie ein angepasstes Profil und wechseln Sie dort in die *Einstellungen*.

2 Tippen Sie dann im Bereich *Zeitplan* auf *aktiviert*, um die Funktion einzuschalten.

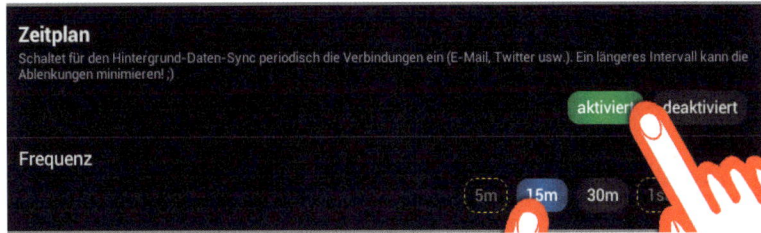

3 Darunter können Sie die *Frequenz* wählen, mit der die Synchronisierung jeweils aktiviert wird. Am besten probieren Sie die verschiedenen Werte aus, bis Sie ein zufriedenstellendes Ergebnis erzielen.

13. Sicherheit – Tablet und Daten schützen

Sicherheit ist auch für Tablets ein wichtiges Thema, insbesondere wenn Sie Ihr Gerät überall mit hinnehmen. Da besteht immer das Risiko, dass es mal verloren geht oder gestohlen wird. Deshalb gilt es, Vorsichtsmaßnahmen zu treffen. So lässt sich der Zugang zum Gerät selbst durch Sperren blockieren, sensible Dokumente und wichtige Apps können zusätzlich geschützt werden, und ein Ortungsdienst hilft, ein verlegtes Gerät schnell wiederzufinden.

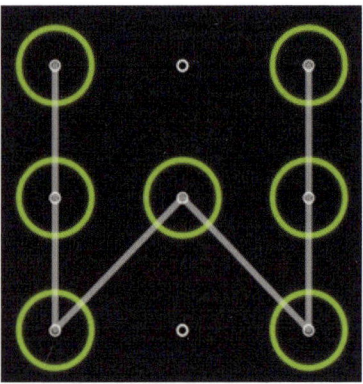

- Wie kann ich mein Tablet vor unbefugtem Zugriff schützen?
  ➤➤ Seite 225

- Gibt es komfortablere Alternativen zur sperrigen PIN-Eingabe?
  ➤➤ Seite 227

- Kann ich wichtige Einstellungen und App-Daten sichern und bei Bedarf wiederherstellen? ➤➤ Seite 228

- Wie sieht es mit Viren und Trojanern bei Android aus? ➤➤ Seite 229

- Kann ich ein verlorenes Tablet über das Internet orten? ➤➤ Seite 232

- Wie kann ich den Zugriff auf sensible Apps beschränken?
  ➤➤ Seite 235

- Lassen sich auch einzelne Fotos, Videos oder Dokumente durch Verschlüsselung schützen? ➤➤ Seite 237

Eine sichere Bildschirmsperre verhindert ungebetene Gäste

Wenn Sie Ihr Tablet nur zu Hause verwenden und dort auch keine Gefahr von neugierigen Mitbewohnern droht, können Sie auf eine Bildschirmsperre zugunsten des Komforts gegebenenfalls verzichten. Wann immer Sie Ihr Tablet unterwegs dabeihaben oder andere Personen Zugang dazu haben könnten, sollten Sie den Zugang nur nach einer Authentifizierung freigeben. Das geht z. B. ganz klassisch per PIN.

1 Öffnen Sie die *Einstellungen*, wählen Sie dort die Kategorie *Sicherheit* und tippen Sie hier auf den Menüpunkt *Display-Sperre*.

2 Im anschließenden Menü können Sie die Art der Bildschirmsperre wählen. *Keine* und *Finger bewegen* können von jedem genutzt werden und bieten keinen Schutz. Um das Tablet wie ein Telefon mit einer Zahlenkombination entsperren zu können, wählen Sie *PIN*.

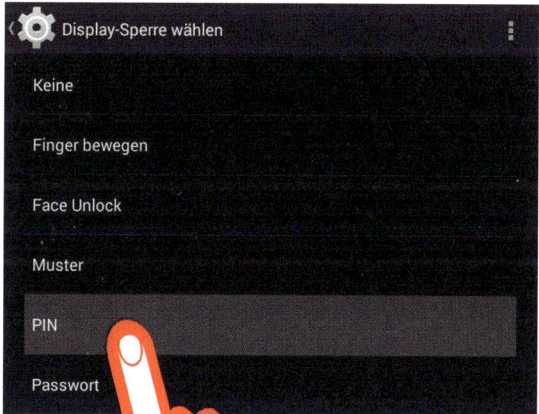

3 Geben Sie dann die gewünschte Zahlenkom-
bination ein, tippen Sie
auf *Weiter*, dann geben
Sie noch mal die Kombi-
nation zur Bestätigung
ein und tippen schließ-
lich auf *OK*.

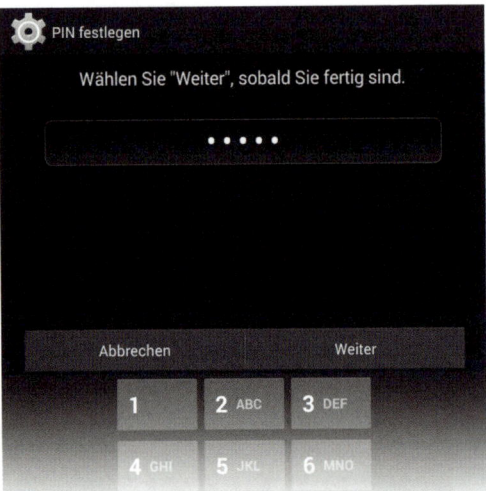

Wann immer Sie in Zukunft Ihr Tablet einschalten bzw. nach dem Stand-by entsperren möchten, wird dieser PIN-Code abgefragt.
Tippen Sie ihn einfach auf der eingeblende-
ten Tastatur ein und tippen Sie dann auf *OK*,
um das Tablet zu entsperren.

Passwort statt PIN

Sie mögen lieber ein Kennwort statt Zahlen? Dann benutzen Sie die
Sperrvariante *Passwort*. Sie funktioniert im Prinzip genauso wie eine
PIN, nur dass Sie dabei eine vollständige virtuelle Tastatur angezeigt
bekommen und entsprechend aus dem vollen Vorrat an Buchstaben,
Ziffern und Zeichen schöpfen können. Machen Sie es aber nicht zu
kompliziert, denn Sie müssen dieses Passwort jedes Mal eintippen,
wenn Sie das Tablet verwenden möchten.

Anmelden per Fingerwisch – Entsperren Sie Ihr Tablet bequem und sicher

Wenn Sie sich Zahlen schlecht merken können oder einfach eine komfortablere Alternative suchen, sollten Sie es mit der Entsperrvariante *Muster* probieren. Hier müssen Sie einfach nur eine bestimmte Wischgeste mit dem Finger über ein angezeigtes Muster durchführen. Auch dabei gilt: Nur wer das richtige Muster kennt, kann das Gerät entsperren.

1 Öffnen Sie wie im vorangehenden Abschnitt beschrieben das Bildschirmsperrmenü in den *Einstellungen* und wählen Sie diesmal die Option *Muster*.

2 Auf dem Bildschirm sehen Sie nun eine Matrix aus drei mal drei Punkten. Ziehen Sie darauf mit einem Finger ein Muster, das mindestens vier der Punkte miteinander verbindet. Eine einfache gerade Linie reicht also nicht, da Sie so höchstens drei der Punkte erwischen. Sie können aber beliebig oft „abbiegen". Je mehr Punkte Sie verbinden, desto sicherer wird das Muster. Mit *Wiederholen* haben Sie beliebig viele Versuche.

3 Sind Sie mit Ihrem Muster zufrieden, tippen Sie unten rechts auf *Weiter*.

4 Nun brauchen Sie das Muster nur noch einmal zur Sicherheit zu wiederholen und dann unten rechts auf *Bestätigen* zu tippen.

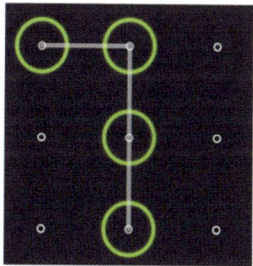 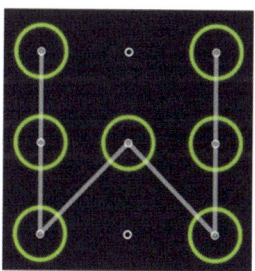 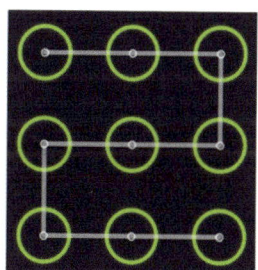

Von simpel bis komplex: So könnte Ihr Sperrmuster aussehen

Wenn Sie nun Ihr Tablet einschalten, zeigt es auf dem Bildschirm zunächst nur die Punkte-Matrix an. Sowie Sie hier das festgelegte Muster eingezeichnet haben, wird das Gerät automatisch entsperrt.

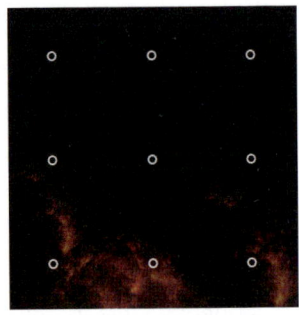

Wichtige Daten für den Fall der Fälle bei Google sichern

Die Verknüpfung Ihres Android-Gerätes mit einem Google-Konto gibt Ihnen die Möglichkeit, wichtige Daten wie App-Einstellungen und WLAN-Zugangsdaten automatisch auf einem Google-Server zu speichern. So können die Einstellungen schnell wiederhergestellt werden, wenn Ihr Tablet z. B. nach einem Defekt oder im Rahmen eines Firmware-Updates vollständig zurückgesetzt werden muss. Das Ganze funktioniert aber auch, wenn Sie z. B. zu einem neuen Android-Gerät wechseln und Ihre Einstellungen dorthin mitnehmen möchten.

1   Öffnen Sie die *Einstellungen* und wechseln Sie dort im Bereich *Nutzer* zu *Sichern & zurücksetzen*.

2   Aktivieren Sie dort auf der rechten Seite die Option *Meine Daten sichern*. Damit wird das Back-up bei Google automatisch durchgeführt. Lassen Sie diese Option dauerhaft eingeschaltet.

3   Sollten Sie mehrere Google-Konten auf dem Gerät eingerichtet haben, können Sie mit dem Menüpunkt darunter wählen, welches davon für die Sicherung verwendet werden soll.

4   Die Option *Autom. Wiederherstellung* schließlich sorgt dafür, dass beim erneuten Installieren einer bereits verwendeten App die dafür

gesicherten Einstellungen und Daten automatisch wiederhergestellt werden.

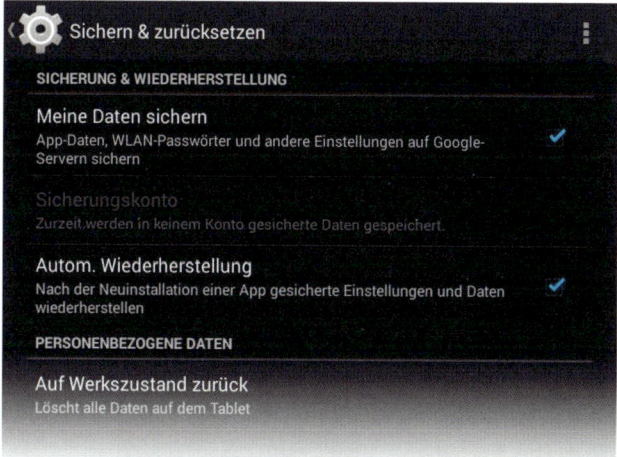

Damit sind die notwendigen Einstellungen auch schon erledigt. Alles Weitere passiert automatisch. Wie aber kommen die gesicherten Daten im Fall der Fälle wieder auf das neue oder zurückgesetzte Gerät? Ganz einfach: Verknüpfen Sie dieses Gerät während des ersten Starts mit dem Google-Konto, das Sie hier für die Sicherung gewählt haben. Sie werden dann vom Assistenten gefragt, ob die vorliegenden Sicherungsdaten auf dem neuen Gerät eingespielt werden sollen. Wählen Sie *Von meinem Google-Konto auf diesem Tablet wiederherstellen*, und die Daten werden heruntergeladen und angewendet.

Schützen Sie Ihr Tablet vor Viren und Trojanern

Viren und Trojaner sind leider auch für Android-Geräte keine Fremdwörter mehr, und manche App im Play Store ist nicht das, was sie scheint. Vorsicht ist deshalb geboten, und neben gesundem Menschenverstand hilft dabei eine App wie Mobile Security von ESET. Am Ende dieses Buches fin-

den Sie einen Gutscheincode, mit dem Sie die Premium-Version dieser App ein Jahr kostenlos nutzen können.

1 Beim ersten Start überprüfen Sie zunächst die Spracheinstellungen und stimmen den Nutzungsbedingungen zu. Außerdem können Sie dem ESET Live Grid beitreten und so das Erkennen von Gefahren in Echtzeit unterstützen.

2 Aktivieren Sie dann das Erkennen eventuell unerwünschter Anwendungen mit *Erkennung aktivieren*, damit die App Sie vor gefährlichen Anwendungen warnen kann.

Erkennung eventuell unerwünschter Anwendungen.

Eventuell unerwünschte Anwendungen können nur nach voriger Einwilligung installiert werden. Sie stellen nicht unbedingt eine Gefahr dar, können jedoch die Leistung oder Zuverlässigkeit des Geräts beeinträchtigen oder dessen Verhalten ändern.

Erkennung aktivieren

3 Anschließend wird die Lizenz online überprüft und Mobile Security & Antivirus ist auf Ihrem Tablet aktiv.

4 Nach dem ersten Start überprüft die App zunächst die auf Ihrem Gerät vorhandenen Apps, um eventuelle Schädlinge sofort zu identifizieren. Dies kann eine Weile dauern. Sie bemerken davon aber nur das Symbol im Benachrichtigungsbereich. Hier können Sie sich auch jederzeit über den Fortschritt informieren.

5 Sollte die App bei der Überprüfung fündig werden, meldet sie sich mit einem Hinweis bei Ihnen. Andernfalls geht die Prüfung einfach kommentarlos zu Ende.

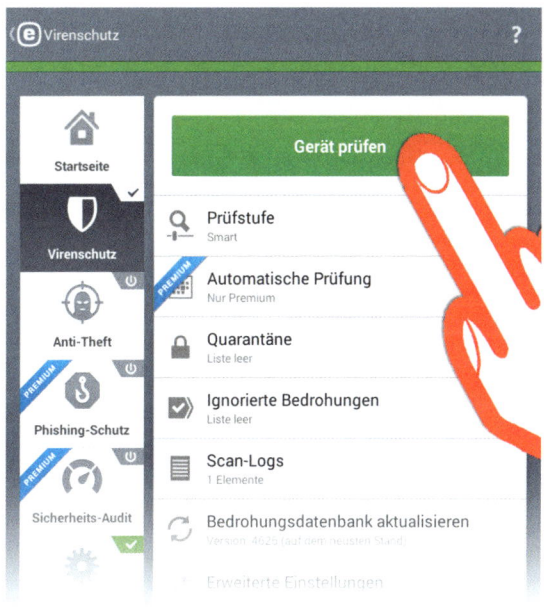

Nach dem ersten vollständigen Scan überwacht Mobile Security Ihr Tablet permanent im Hintergrund. Wenn Sie neue Apps hinzufügen oder vorhandene Apps per Update aktualisiert werden, bekommt das Sicherheitsprogramm dies also mit und kontrolliert den neuen Code automatisch auf verdächtige Spuren. Solange Sie Mobile Security installiert lassen und die Scan-Funktion nicht deaktivieren, ist Ihr Tablet dauerhaft geschützt. Zusätzlich können Sie in der Rubrik *Virenschutz* jederzeit eine erneute vollständige Überprüfung des Gerätes veranlassen.

Vorbeugung: Machen Sie Ihr Tablet per GPS ortbar

Wenn Sie Ihr Tablet nicht nur zu Hause nutzen, sondern damit auch mal unterwegs sind, sollten Sie sich für den schlimmsten Fall vorbereiten: Das Tablet könnte verloren gehen oder Ihnen sogar entwendet werden. In dem Fall wäre es praktisch, wenn man das Gerät einfach orten könnte. Mit der im vorangehenden Abschnitt vorgestellten App Mobile Security ist genau das möglich. Einmal eingerichtet, können Sie über eine Website jederzeit abfragen, wo sich das Gerät derzeit befindet. Dabei handelt es sich um eine Premium-Funktion, die kostenpflichtig ist. Mit einer kostenlosen Probelizenz können Sie sie aber zumindest ausprobieren. Oder mit dem Gratiscode im Buch ein Jahr kostenlos nutzen.

1 Aktivieren Sie dazu in der Rubrik *Anti-Theft* oben rechts diese Funktion. Sie müssen dann ein Passwort (zweimal) sowie eine beliebige Erinnerungsphrase eintippen.

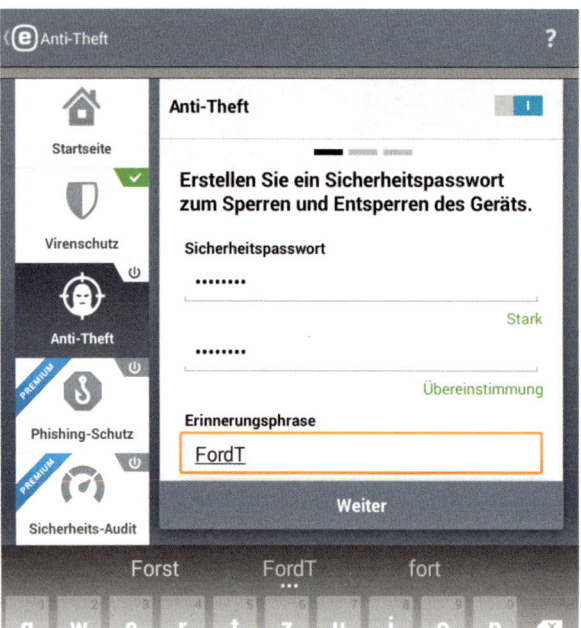

2 Anschließend muss der Deinstallationsschutz aktiviert werden, damit ein Dieb oder unehrlicher Finder die Mobile-Security-App nicht einfach deinstallieren kann. Dazu muss die App als Geräteadministrator eingerichtet werden. Tippen Sie einfach auf *Weiter* und bestätigen Sie die Rückfrage des Android-Systems mit *Aktivieren*.

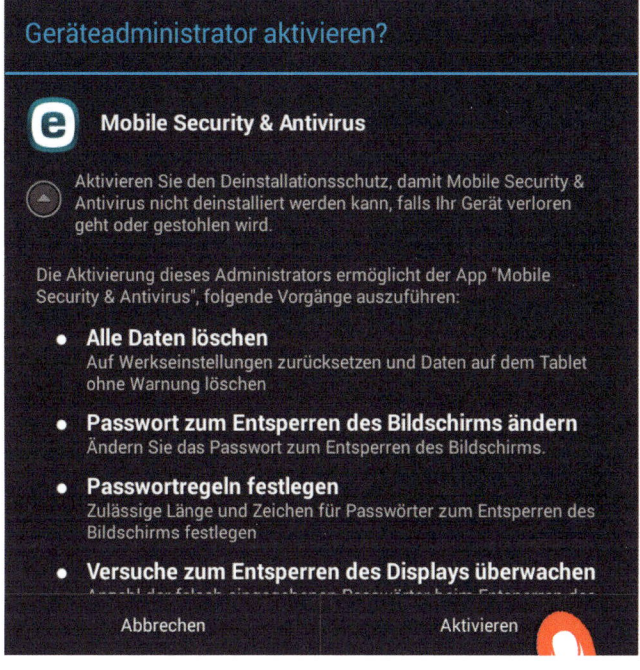

3 Um mit einem „verschwundenen" Gerät kommunizieren zu können, werden SMS verwendet. Hierfür wird ein weiteres Passwort benötigt, damit Ihnen niemand falsche SMS-Befehle unterjubeln kann. Dieses ist leider nur bei Tablets mit Mobilfunkfähigkeit möglich.

4 Um Ihr Tablet im Verlustfall orten zu können, melden Sie sich nun für my.eset.com an. Geben Sie hierzu Ihren Namen, Ihre E-Mail-Adresse und ein Passwort an. Merken Sie sich diese Daten gut, da Sie sie für den Zugriff auf die Fernortungsfunktionen benötigen.

Ist die Anti-Theft-Funktion aktiv, können Sie Ihr Tablet jederzeit auf der ESET-Webseite orten:

1 Dazu können Sie mit einem beliebigen Webbrowser my.eset.com öffnen und sich mit den festgelegten Zugangsdaten *Anmelden*.

2 Klicken Sie dort auf *ESET Anti-Theft*.

ESET Anti-Theft

3 Wählen Sie dann das Gerät aus (falls Sie mehrere verwenden) und setzen Sie dessen Status auf *Gerät wird vermisst*. ESET beginnt dann die Nachverfolgung des Gerätes. Dazu wird der Standort ermittelt, und es werden regelmäßig Fotos mit der eingebauten Kamera angefertigt und heruntergeladen.

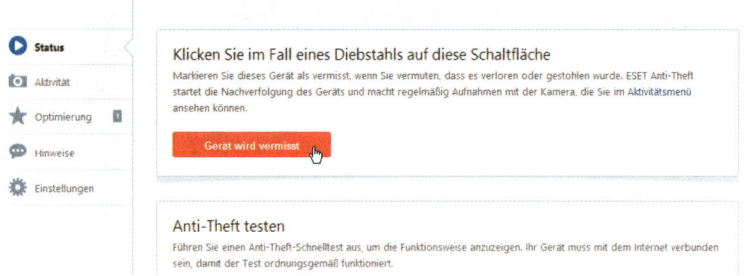

4 Das Ermitteln des Standorts kann einige Zeit dauern. Es klappt nur, wenn das Tablet mit dem Internet verbunden ist und seine GPS-Position erkennen kann. Hier ist also gegebenenfalls etwas Geduld erforderlich, der Vorgang kann bis zu drei Minuten dauern.

5 Im Erfolgsfall zeigt Ihnen die Webseite die Position des Gerätes auf einer Karte an. Beachten Sie neben der Position unbedingt auch den Zeitpunkt der Ortung. Ist das Gerät wegen eines leeren Akkus schon abgeschaltet, erfahren Sie hier nur den Ort, an dem es sich kurz vor dem Abschalten befunden hat.

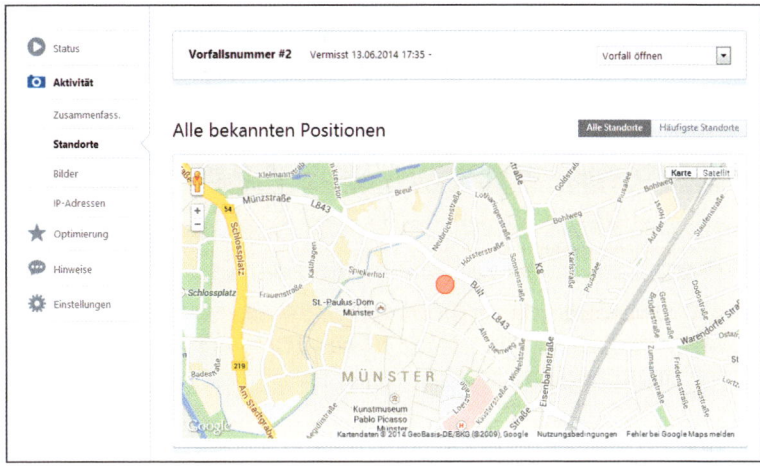

Nur für Sie – einzelne Apps vor unbefugten Zugriffen schützen

Wenn Sie Ihr Tablet mit anderen teilen oder bestimmte Zugangsdaten oder Dokumente verwenden, die keinesfalls in fremde Hände geraten dürfen, können Sie mit AppLock ausgewählte Apps mit einem zusätzlichen Schutz versehen. Um diese Apps zu öffnen, muss dann jeweils ein zusätzliches Kennwort (bzw. PIN oder Sperrmuster) eingegeben werden, um sie freizuschalten.

1 Beim ersten Start von AppLock geben Sie zunächst eine PIN (zweimal) an, die Sie zum Entsperren von Apps verwenden möchten. Diese können Sie später noch ändern bzw. durch eine andere Entsperrmethode ersetzen.

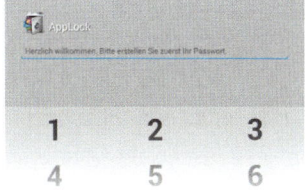

2 Zusätzlich können Sie eine Sicherheitsfrage mit Antwort angeben. Diese wird verwendet, falls Sie Ihre PIN einmal vergessen sollten.

3 Danach landen Sie mitten in einer Liste der auf Ihrem Tablet installierten Apps. Setzen Sie bei jeder App, die zusätzlich geschützt werden soll, rechts den Schalter auf das Schlüsselsymbol.

4 Anschließend können Sie AppLock einfach wieder mit der Zurück-Taste Ihres Tablets verlassen.

Wenn Sie nun eine der geschützten Apps auf Ihrem Tablet aufrufen, wird zunächst ein zusätzlicher Passwort-Dialog angezeigt, in dem Sie die festgelegte PIN angeben. Erst dann wird die App gestartet.

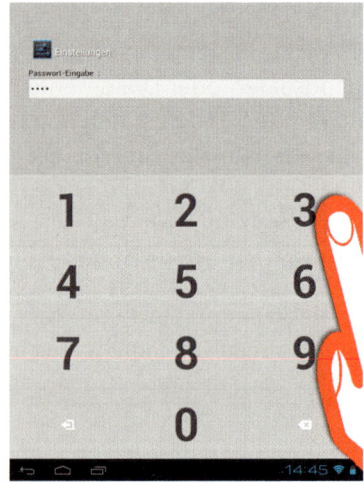

Vertraulich – Bilder, Videos und Dokumente sicher wegschließen

Nicht nur Apps möchte man manchmal vor unbefugten Augen schützen. Auch einzelne Bilder, Videos oder vertrauliche Dokumente könnten einen zusätzlichen Schutz vertragen. Hier hilft die App File Locker weiter. Damit können Sie einzelne Dateien mit einem Passwort schützen, sodass der Zugriff darauf nur nach vorheriger Eingabe dieses Kennworts gelingt.

1 Nach dem Start präsentiert sich File Locker ähnlich wie ein Dateimanager. Sie können damit die Ordner im Speicher Ihres Tablets erforschen und die Dateien suchen, die Sie schützen möchten.

2 Wenn Sie eine solche Datei gefunden haben, tippen Sie rechts auf das geöffnete Schloss-Symbol.

3 Geben Sie nun (zweimal) das Passwort ein, mit dem Sie diese Datei verschlüsseln möchten.

4 Tippen Sie darunter auf *Lock*, um die Verschlüsselung durchzuführen.

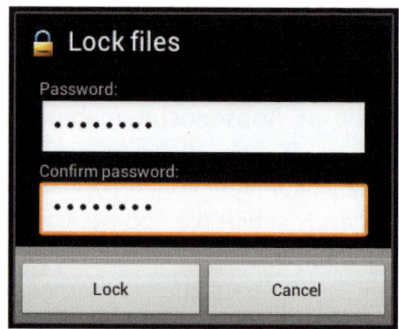

Die so verschlüsselte Datei ist für andere Apps nicht mehr sichtbar. Um sie zu nutzen, öffnen Sie wiederum File Locker und tippen dort ganz oben auf *Locked*. Damit zeigt der integrierte Dateimanager nur Dateien an, die mit einem Schutz versehen sind (sowie die Ordner, in denen sie gespeichert sind). So können Sie weiterhin auf die geschützten Dateien zugreifen:

1 Suchen Sie die geschützte Datei, die Sie öffnen möchten, und tippen Sie darauf.

2 Geben Sie das Passwort ein, mit dem das Dokument verschlüsselt ist.

3 Um die Datei einfach nur für kurze Zeit zum Betrachten oder Bearbeiten zu entschlüsseln, tippen Sie dann einfach auf *Unlock*.

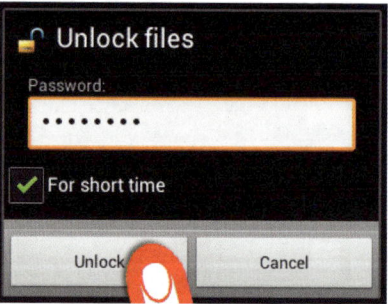

4 Um die Verschlüsselung zu entfernen und die Datei wieder dauerhaft für alle freizugeben, deaktivieren Sie zuvor die Option *For short time*.

Die besten Tipps für mehr Sicherheit

Passwörter bei der Eingabe zuverlässig verbergen

Standardmäßig gibt sich Android beim Eingeben von Passwörtern recht großzügig und zeigt die getippten Zeichen zumindest kurz an. Das ist auch nicht verkehrt, denn bei der virtuellen Tastatur kann es immer mal sein, dass man eine Taste verfehlt und die falsche trifft. Andererseits ist das ein Sicherheitsrisiko, denn es besteht dadurch immer die Gefahr, dass Ihnen jemand heimlich über die Schulter schaut und so Ihre Zugangsdaten ausspähen kann. Wollen Sie hier absolut sicher sein, können Sie das Anzeigen von Passwörtern abschalten.

1 Öffnen Sie die *Einstellungen* im Bereich *Sicherheit*.

2 Entfernen Sie hier auf der rechten Seite im Bereich *Passwörter* das Häkchen bei *Passwörter sichtbar*.

Apps mit einem Muster statt mit einer PIN entsperren

Der App-Wächter AppLock arbeitet standardmäßig mit einer PIN. Genau wie bei der Bildschirmsperre Ihres Tablets können Sie hier alternativ auch ein Muster verwenden, das sich besser merken und flüssiger eingeben lässt.

1 Öffnen Sie AppLock, ziehen Sie die Liste der Apps nach rechts und wählen Sie *Einstellungen*.

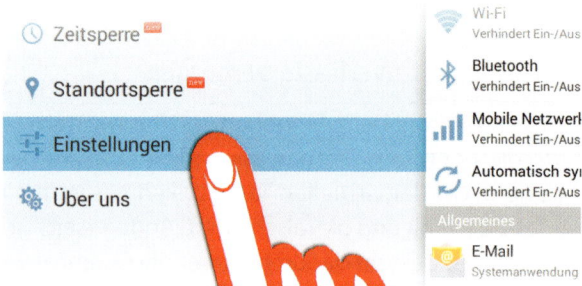

2 Tippen Sie in den Einstellungen zum Entsperren ganz unten auf *Entsperrmuster-Einstellung.*

3 Dadurch wird eine Matrix von drei mal drei Punkten angezeigt. Zeichnen Sie, ohne den Finger abzusetzen, ein Muster mit geraden oder schrägen Linien, das mindestens vier der Punkte miteinander verbindet. Tippen Sie dann rechts unten auf *Weiter.*

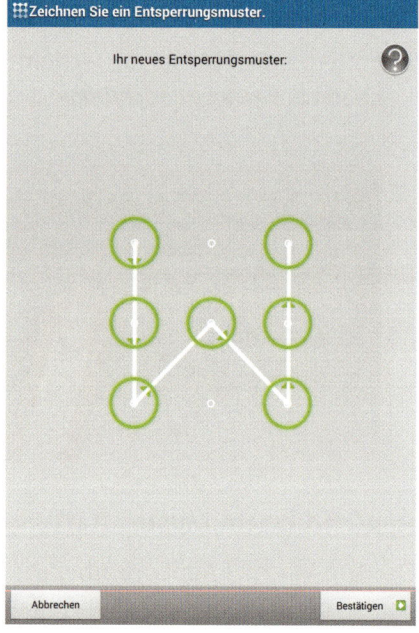

4 Wiederholen Sie dann das Muster zur Sicherheit und tippen Sie auf *Bestätigen.*

5 Zurück in den *Einstellungen* wählen Sie nun oben bei *Entsperr-Modus* rechts das *Entsperrungsmuster.*

Ab sofort fragt AppLock beim Starten einer geschützten App nicht mehr nach einer PIN, sondern zeigt das Punktemuster an, mit dem Sie schnell und komfortabel die festgelegte Geste ausführen können.

Voller Schutz: So verschlüsselt File Locker noch gründlicher

Die App File Locker arbeitet flott und verschlüsselt auch größere Dateien wie z. B. Videos sehr schnell. Das geht aber nur mit einem Trick, denn standardmäßig verschlüsselt die App nur den Anfang einer Datei. Versierte Hacker finden das schnell heraus und können dann zumindest teilweise die Dokumente wiederherstellen. Verhindern Sie das, indem Sie die volle Verschlüsselung aktivieren, die zwar etwas länger dauert, aber eben auch mehr Schutz bietet:

1 Öffnen Sie das Menü der App und dort mit *Preferences* die Einstellungen.

2 Entfernen Sie hier das Häkchen bei der Option *Encode partially*. Damit aktivieren Sie die vollständige Verschlüsselung.

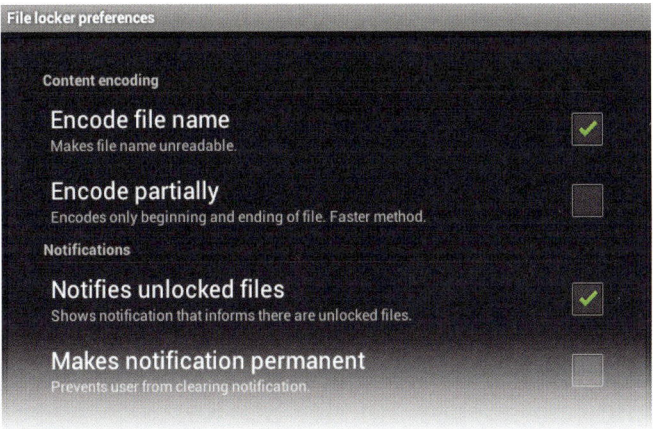

3 Verlassen Sie die Einstellungen dann einfach mit der Zurück-Schaltfläche Ihres Tablets.

14. Die besten Expertentricks für Ihr Tablet

Die vorangegangenen Kapitel widmeten sich verschiedenen Themenschwerpunkten. Zum Abschluss habe ich für Sie noch einige besonders praktische Tipps und Anleitungen zusammengestellt, die allgemein für den effizienten und komfortablen Umgang mit Ihrem Tablet gelten und sich keinem dieser Themen genau zuordnen ließen.

- Wie kann ich Apps aus dem knappen internen Speicher auf eine SD-Karte auslagern? ≫Seite 242

- Wie greife ich direkt auf die Ordner und Dateien zu, die auf dem Tablet gespeichert sind? ≫ Seite 244

- Wie kann ich gleich mehrere Dokumente auf einmal kopieren, verschieben und löschen? ≫Seite 245

- Wie kann ich Dateien vom Tablet auf einen USB-Stick kopieren? ≫ Seite 247

- Wie kann ich den aktuellen Bildschirminhalt meines Tablets als Bild festhalten? ≫ Seite 248

- Wie kann ich nervige ständige Benachrichtigungen von bestimmten Apps unterdrücken? ≫ Seite 249

Platz ohne Ende: Apps auf der SD-Karte installieren

Android-Tablets verfügen nur über einen begrenzten internen Speicherplatz, der sich durch eine SD-Karte erweitern lässt. Allerdings werden Apps standardmäßig im internen Speicher installiert, der dadurch schnell knapp wird. Bei Geräten ab der Android-Version 2.2 können Anwendungen auf die SD-Karte ausgelagert werden, um den begrenzten internen

Speicher zu entlasten. Voraussetzung dafür ist allerdings, dass Ihr Tablet mit einer SD-Karte ausgestattet ist.

1 Installieren Sie die App dazu zunächst wie gewohnt. Dafür wird der interne Speicher verwendet.

2 Öffnen Sie dann in den *Einstellungen* die Rubrik *Apps*.

3 Hier finden Sie rechts im Bereich *Heruntergeladen* alle Apps, die Sie bislang aus dem Play Store geladen und installiert haben. Wählen Sie die Anwendung aus, die Sie auf die SD-Karte verschieben möchten.

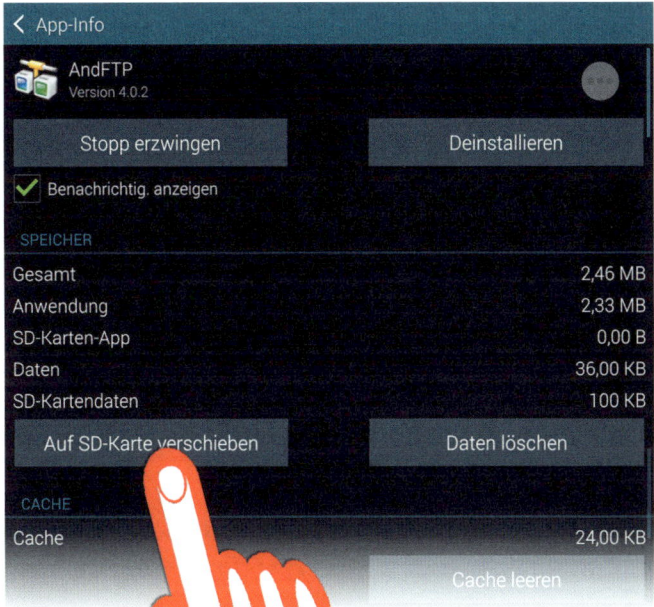

4 Tippen Sie auf die Schaltfläche *Auf SD-Karte verschieben* und warten Sie kurz, während diese Aktion durchgeführt wird. Nun ist die App auf der SD-Karte installiert und der zuvor belegte Platz im internen Speicher freigegeben.

Keine Schaltfläche zum Verschieben?

Nicht alle Apps lassen sich auf die SD-Karte verschieben. Zum einen muss der Entwickler des Programms dafür extra Vorkehrungen getroffen haben. Zum anderen gibt es auch Apps, bei denen dies aus technischen Gründen nicht möglich ist. Wenn sich eine App nicht auf die SD-Karte verschieben lässt, können Sie die entsprechende Schaltfläche nicht auswählen. Wird eine solche Schaltfläche gar nicht erst angezeigt, werfen Sie mal einen Blick in den SD-Kartenschacht – steckt da überhaupt eine SD-Karte drin?

Einen echten Dateimanager installieren

Was vielen Android-Geräten von Haus aus fehlt, ist ein Dateimanager, der den freien Zugriff auf Ordner und Dateien erlaubt. Erstaunlicherweise gehört der nicht zum Standardumfang des Android-Betriebssystems. Im Play Store finden sich aber verschiedene Apps, die diese Lücke füllen. Alle haben ihre Stärken und Schwächen, sodass sich das Ausprobieren lohnt. Eine gute Empfehlung ist der ASTRO-Dateimanager, der neben seiner Kernfunktionalität noch einige praktische Zusatzfunktionen mitbringt.

- Im Wesentlichen zeigt der Dateimanager Ihnen die Ordner und Dateien im Speicher Ihres Tablets an.

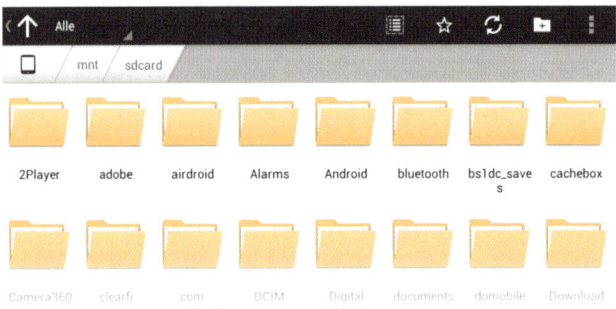

- Um einen Ordner oder eine Datei zu öffnen, tippen Sie einfach kurz darauf.

- Alternativ können Sie einen Eintrag auch lange antippen, um ein Menü mit Bearbeitungsoptionen für dieses Objekt zu öffnen.

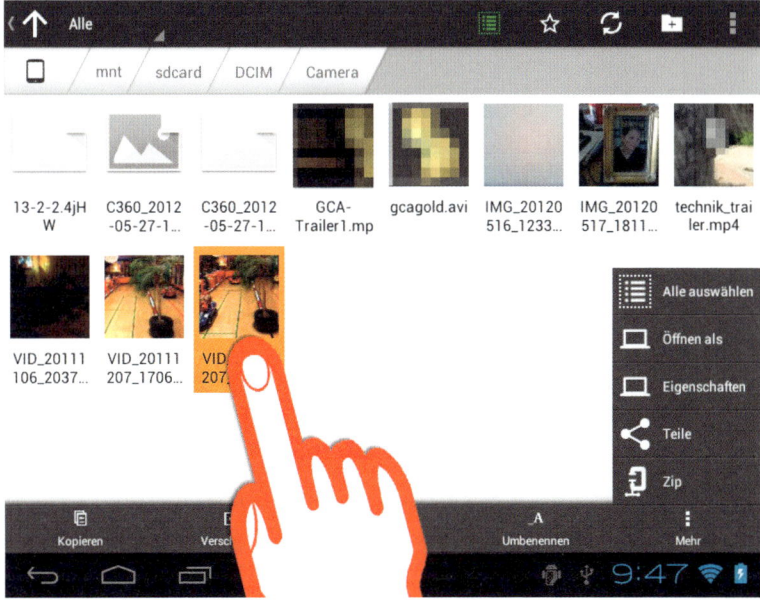

- Mit dem Menüsymbol oben rechts können Sie die *Einstellungen ansehen* und dort z. B. die Sortierung und Ansicht steuern.

Mehrere Dateien kopieren, verschieben oder löschen

Mit einem Dateimanager können Sie manuell in die Datenbestände auf Ihrem Tablet eingreifen und z. B. Dateien beliebig verschieben oder löschen, wenn der Speicherplatz mal eng werden sollte. Einzelne Dateien lassen sich durch langes Antippen und das Kontextmenü behandeln. Wollen Sie gleich mehrere Dateien bearbeiten, geht das beim ASTRO-Dateimanager wie folgt:

1 Öffnen Sie zunächst den Ordner, in dem sich die fraglichen Dateien befinden.

2 Tippen Sie dann in der Symbolleiste oben auf das Symbol für die Mehrfachauswahl.

3 Nun können Sie die Dateien im Ordner durch einfaches kurzes Antippen auswählen. Die Dateinamen aller ausgewählten Dateien werden farblich hervorgehoben. Das erneute Antippen einer Datei entfernt sie wieder aus der Auswahl.

4 In der Symbolleiste unten finden Sie Dateiaktionen wie *Kopieren*, *Verschieben* und *Löschen*, die sich nun auf alle rechts ausgewählten Dateien beziehen.

Dateien per USB-Stick mit dem PC austauschen

Die meisten Android-Tablets bringen einen USB-Anschluss mit, der typische USB-Geräte wie etwa Speichersticks oder Kartenleser unterstützt. Wenn Sie sich beim Datentransfer mit dem PC nicht lange mit Apps, Einstellungen und Synchronisieren herumschlagen möchten, bietet der USB-Stick eine einfache Möglichkeit, Dateien vom Tablet auf den PC und umgekehrt zu übertragen. Sie benötigen dafür lediglich eine Dateimanager-App wie den vorangehend vorgestellten ASTRO-Dateimanager.

1 Stecken Sie einen handelsüblichen, formatierten USB-Stick in Ihr Tablet.

2 Um beispielsweise mit dem Tablet erstellte Fotos oder Videos zu übertragen, starten Sie nun den Dateimanager und navigieren damit zum Ordner *mnt/sdcard/DCIM/Camera*.

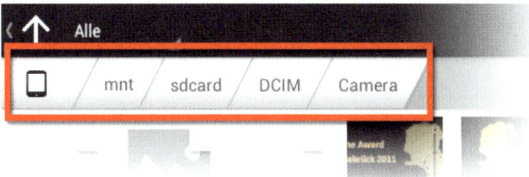

3 Aktivieren Sie hier die Mehrfachauswahl (siehe Seite 245) und wählen Sie alle Dateien aus, die Sie übertragen möchten.

4 Tippen Sie dann unten links auf *Kopieren*.

5 Wechseln Sie mit der Navigationsleiste oben links zu *mnt/usb_storage* und dort gegebenenfalls in einen Ordner Ihrer Wahl auf dem USB-Stick.

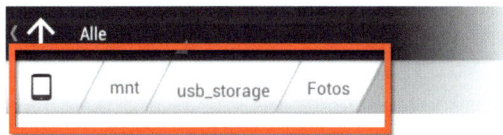

6 Nun brauchen Sie nur noch unten rechts auf die *Einfügen*-Schaltfläche zu tippen.

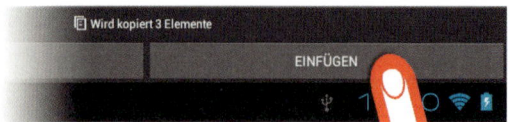

7 Der Dateimanager legt dann los, die zuvor ausgewählten Dateien in diesen Ordner zu kopieren. Umfangreichere Dateioperationen können Sie auch in den Hintergrund verlegen, um schon mit dem Tablet weiter arbeiten zu können.

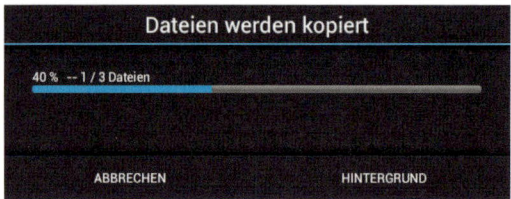

Den so bestückten USB-Stick können Sie dann entfernen und in Ihren PC einstecken, um die Daten dort auf dessen Festplatte zu kopieren. Selbstverständlich funktioniert auch der umgekehrte Weg, um beispielsweise Videofilme vom PC aufs Tablet zu bekommen.

Interessante Inhalte einfach als Bildschirmfoto festhalten

Vielleicht wollen Sie eine spannende Webseite oder eine witzige Situation in einem Spiel gerne als Bild festhalten? Bei neueren Android-Versionen ab 4.0 ist eine Screenshot-Funktion eingebaut, die Sie einfach per Hardwaretasten nutzen können.

1 Wann immer Sie den aktuellen Bildschirminhalt festhalten möchten, drücken Sie gleichzeitig die Lautstärke-leiser-Taste und die Ein-/Aus-Taste an Ihrem Tablet und halten diese kurz gedrückt.

2 Sie sehen dann auf dem Bildschirm kurz eine verkleinerte Version des Bildes, und dann können Sie auch schon weiterarbeiten oder -spielen.

3   Die Bilder werden automatisch im Ordner *sdcard/Pictures/Screenshots*
    abgelegt.

Nervige Werbe-Benachrichtigungen von Apps unterdrücken

Klar, über verpasste Tweets oder eingegangene Mails möchte man gerne
sofort informiert werden. Bei Android geht das (neben akustischen Hinweisen) über ein Symbol im Infobereich. Leider kann diese Benachrich-
tigungsfunktion von jeder App für beliebige Zwecke genutzt werden.
Manche Gratis-App pflastert den Bildschirm auf diese Weise mit Werbung
zu. Ab Android 4.1 (Jelly Bean) ist damit Schluss. Damit können Sie festlegen, dass einzelne Apps einfach gar keine Benachrichtigungen mehr
auf den Bildschirm senden dürfen. Warten Sie dazu einfach, bis Sie mal
wieder so einen lästigen Hinweis präsentiert bekommen.

1   Wenn mal wieder eine unerwünschte Benachrichtigung kommt,
    lassen Sie den Infobereich anzeigen.

2 Tippen Sie hier lange auf die unerwünschte Benachrichtigung und wählen Sie dann *App-Details*. Dies bringt Sie zu den ausführlichen Informationen zu die-

ser App. Diesen Dialog können Sie auch jederzeit in den Android-Einstellungen unter *Apps* aufrufen.

3 Hier findet sich nun (ab Android 4.1) zusätzlich die Option *Benachrichtigungen zeigen*. Sie ist standardmäßig bei jeder App aktiviert, sodass alle Apps Benachrichtigungen senden dürfen.

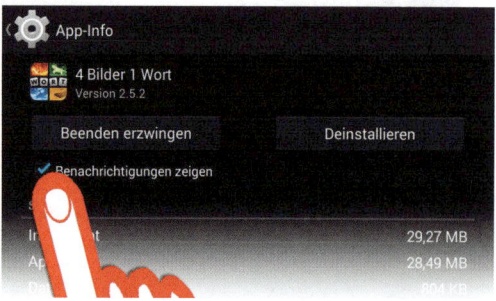

4 Tippen Sie auf die Option, um die Benachrichtigungen dieser App zu blockieren, und bestätigen Sie den Sicherheitshinweis vor dem Deaktivieren mit *OK*.

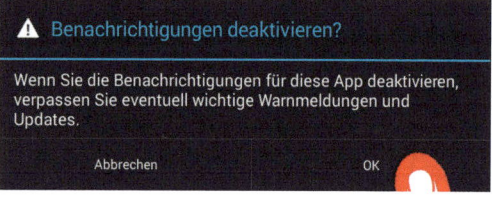

5 Anschließend gelangen Sie zurück in die App-Einstellungen, wo die Option nun ausgeschaltet ist. Ab sofort haben Sie Ruhe vor dieser App.

Das System weist Sie beim Deaktivieren richtigerweise darauf hin, dass Sie auf diese Art sämtliche Benachrichtigungen von dieser App abschalten. Eine Unterscheidung, welche Benachrichtigungen zulässig sind und welche nicht, ist nicht möglich. Dies müsste – wenn überhaupt – durch die Einstellungen innerhalb der fraglichen App selbst geschehen.